EBS 초등 인성학교 3

꿈과 미래

EBS 초등 인성학교 3
꿈과 미래

초판 1쇄 발행 2016년 9월 1일
초판 3쇄 발행 2022년 8월 15일

기획 EBS 미디어
글 EBS 〈스쿨랜드 인성〉 제작팀
그림 이지후 · 지우
감수 박성춘

펴 낸 곳 (주)가나문화콘텐츠
펴 낸 이 김남전
편　　집 이보라 김아영
외주편집 임지영
디 자 인 양란희
마 케 팅 정상원 한웅 정용민 김건우
경영관리 임종열 김다운

출판 등록 2002년 2월 15일 제10-2308호
주　　소 경기도 고양시 덕양구 호원길 3-2
전　　화 02-717-5494(편집부) 02-332-7755(관리부)
팩　　스 02-324-9944
홈페이지 ganapub.com
이 메 일 ganapub@naver.com

ISBN 978-89-5736-853-4 (74190)
　　　 978-89-5736-854-1 (세트)

* 책값은 뒤표지에 표시되어 있습니다.
* 이 책의 내용을 재사용하려면 반드시 저작권자와 (주)가나문화콘텐츠 양측의 동의를 얻어야 합니다.
* 잘못된 책은 구입하신 서점에서 바꾸어 드립니다.
* '가나출판사'는 (주)가나문화콘텐츠의 출판 브랜드입니다.

* EBS 초등사이트에서 스쿨랜드 인성 영상을 시청할 수 있습니다.

이 도서의 국립중앙도서관 출판시도서목록(CIP)은 서지정보유통지원시스템 홈페이지(http://seoji.nl.go.kr)와 국가자료공동목록시스템(http://www.nl.go.kr/kolisnet)에서 이용하실 수 있습니다.(CIP제어번호: CIP2016018378)

- 제조자명 : 가나출판사
- 주소 및 전화번호 : 경기도 고양시 덕양구 호원길 3-2 / 02-717-5494
- 제조연월 : 2022년 8월 15일
- 제조국명 : 대한민국
- 사용연령 : 4세 이상 어린이 제품

EBS 스쿨랜드

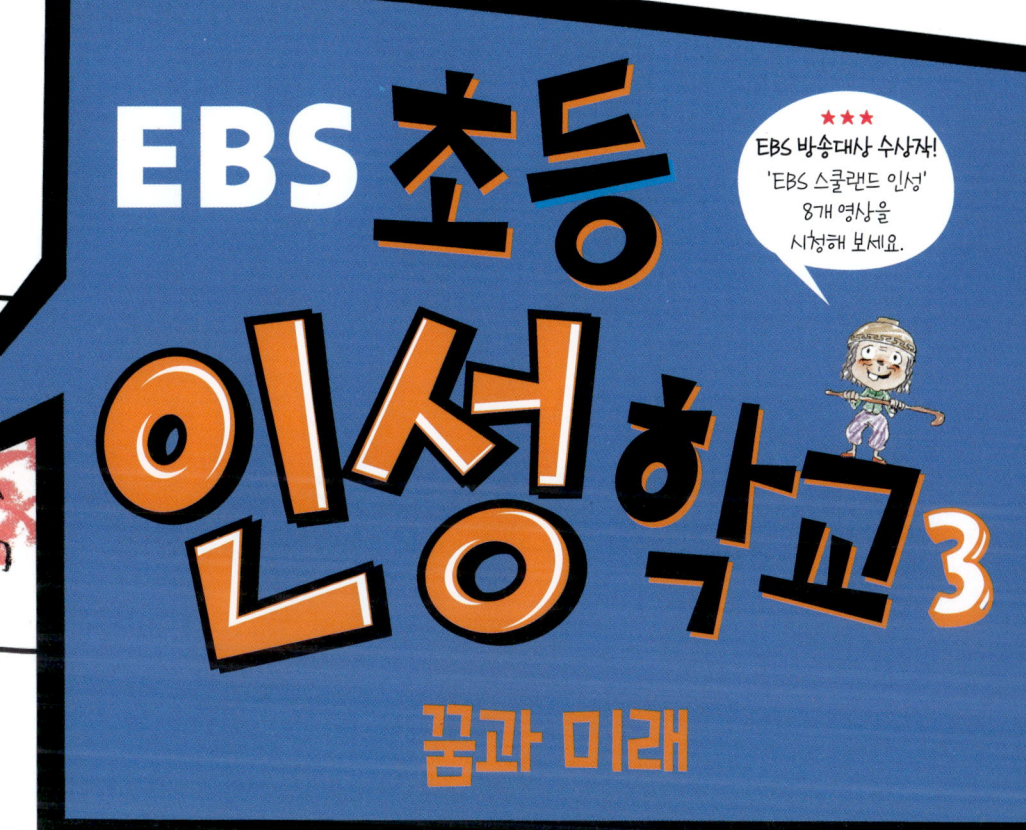

EBS 방송대상 수상자!
'EBS 스쿨랜드 인성'
8개 영상을
시청해 보세요.

EBS 초등 인성학교 3
꿈과 미래

기획 EBS 미디어 | 글 EBS 〈스쿨랜드 인성〉 제작팀 | 그림 이지후·지우 | 감수 박성춘

추천하는 글

어린이들의 생생 질문에서 시작하는 인성이 싹트는 재미있는 이야기

"욕을 하는 건 왜 나빠?"
"시험을 좀 못 보면 어때서?"
"음식을 남기면 왜 안 돼?"

부모님을 움찔하게 만드는 아이들의 질문들. 혹시 머뭇머뭇하면서 '그렇게 하면 안 된다.'라고만 답한 적 없으신가요? 어른들에게는 당연한 것이지만 이렇게 하면 왜 안 되는지, 뭐가 문제인지 아이들 마음속에는 궁금증이 피어납니다.

《EBS 초등 인성 학교》는 아이들이 세상을 향해 던지는 질문과 궁금증을 중심으로 이루어져 있습니다. '당연히 그래야 한다.'라고만 여겼던 일들에 대한 여러 가지 질문들이 담겨 있지요.

또래 친구인 발괄량이 소녀 '다나'를 통해 아이들의 궁금증을 보여 줍니다. 다나가 일상에서 겪은 일을 통해 정직, 배려, 착한 소비, 리더십, 도전과 용기, 아름다운 꿈 등 다양한 주제를 생각하도록 이끌어 주지요. 또한 통일, 외국인 친구에 대한 편견 등 세계 시민으로 성장하기 위해 고민해 봤으면 하는 내용들도 담고 있습니다.

총 3권으로 구성된 이 책은 '내 마음의 소리', '함께 사는 세상', '꿈과 미래'

라는 큰 주제를 중심으로 나와 우리 이웃·친구, 우리가 만들어 갈 미래에 대해 살펴봅니다. 책 속에 담긴 24가지 질문들의 답을 찾다 보면 아이들 마음의 깊이도 한 뼘 더 깊어질 것입니다.

《EBS 초등 인성 학교》는 각 질문마다 아이들이 좋아하는 만화, 감성을 자극하는 동화와 실제 이야기, 실험과 연구를 바탕으로 한 구체적인 자료, 꽁짜 할머니가 주제를 정리해 주는 마무리 글, 인성 사전 만들기로 구성되어 있습니다.

또한 기존의 인성 관련 책들이 주로 동화와 같은 허구를 다루었다면, 이 책은 실화나 실험 자료 등 구체적인 실례를 다루고 있기 때문에 아이들에게도 더 큰 울림을 전해 줄 것이라 생각합니다. 아이들이 직접 겪을 만한 일들, 또 그 과정을 거쳐 온 사람들의 실제 이야기들이 담겨 있으니까요.

따라서 한 질문 한 질문 읽다 보면 그리고 부모님과 함께 이야기하다 보면, 올바른 마음가짐이란 무엇인지 더불어 살아가기 위해 어떤 마음을 지녀야 할지 스스로 깨닫는 힘을 키울 수 있을 것입니다.

서울대학교 윤리교육과 교수 **박성춘**

《EBS 초등 인성 학교》 이렇게 구성되었어요!

다나의 일기

다나가 학교와 집에서 겪은 좌충우돌 이야기를 재미있는 만화로 만나요! 다나의 하루를 따라가다 보면 어느새 다양한 주제에 대해 생각하게 될 거예요. 다나의 일기를 보며, 내가 다나라면 어떤 결정을 할지도 함께 생각해 보세요.

꽁짜 할머니가 들려주는 인성 이야기

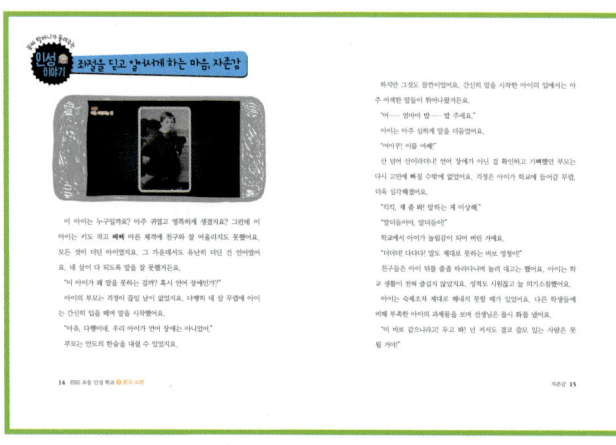

다나의 궁금증 해결사인 꽁짜 할머니가 고민에 빠진 다나에게 들려주는 이야기예요. 꽁짜 할머니에게는 가슴 찡한 동화와 실제로 있었던 일, 여러 학자의 실험이나 연구 결과 등 다양한 이야기 보따리가 있어요. 꽁짜 할머니가 들려주는 이야기를 통해 나라면 어떻게 해결할지 생각해 보세요.

꽁짜 할머니의 인성 특강

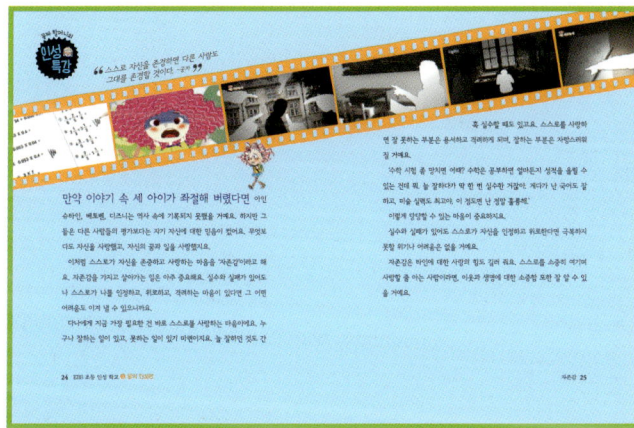

'꽁짜 할머니가 들려주는 인성 이야기'에서 생각해 볼 내용들을 짚어 줘요. 생각의 가지를 뻗다 보면 고민의 답을 스스로 찾을 수 있을 거예요. 이야기의 주제와 관련해서 훌륭한 사람들이 남긴 명언들도 담겨 있어요. 짧지만 깊은 뜻을 담고 있는 말이니 도움이 될 거예요. 놓치지 말고 꼭 읽어 보세요.

내가 만드는 인성 사전

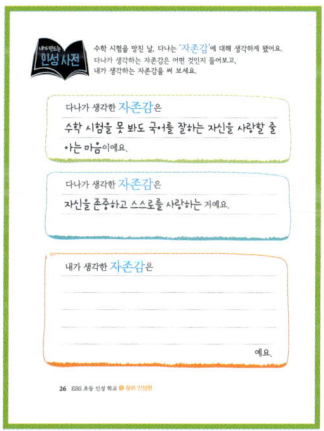

다나와 꽁짜 할머니가 들려주는 이야기에는 핵심 주제들이 있어요. 나는 어떻게 생각하는지 나만의 인성 사전을 만들면서 생각을 정리해 보세요. 다나가 먼저 써 놓은 글이 있으니 전혀 어렵지 않을 거예요. 다나와 함께 자신만의 인성 사전을 만들어 보세요.

추천의 글 · 4
이 책의 구성 · 6

자존감
시험 좀 못 보면 어때서?
다나의 일기 수학 시험을 망친 날 · 12
꽁짜 할머니가 들려주는 인성 이야기 좌절을 딛고 일어서게 하는 마음, 자존감 · 14
꽁짜 할머니의 인성 특강 · 24   내가 만드는 인성 사전 · 26

목표와 노력
내 목표를 다른 사람에게 말하라고?
다나의 일기 백일장 신청서를 낸 날 · 28
꽁짜 할머니가 들려주는 인성 이야기 권투 선수 알리의 목표를 이루어 준 말과 노력 · 30
꽁짜 할머니의 인성 특강 · 36   내가 만드는 인성 사전 · 38

실수와 실패
계속 실수만 하는데도 괜찮다고?
다나의 일기 교실 유리창을 깬 날 · 40
꽁짜 할머니가 들려주는 인성 이야기 특별한 발명을 이끌어 낸 새로운 가능성, 실수 · 42
꽁짜 할머니의 인성 특강 · 48   내가 만드는 인성 사전 · 50

직업
미래에 하고 싶은 일이 너무 많은 게 어때서?
다나의 일기 내게 꼭 맞는 직업에 대해 생각해 본 날 · 52
꽁짜 할머니가 들려주는 인성 이야기 변호사보다 레고! 네이든이 선택한 좋은 직업 · 54
꽁짜 할머니의 인성 특강 · 62   내가 만드는 인성 사전 · 64

꿈
어떤 꿈을 갖고 사느냐고?
다나의 일기 꿈에 대해 생각해 본 날 • 66
꽁짜 할머니가 들려주는 인성 이야기 세상을 이롭고 행복하게 바꾼 아름다운 꿈 • 68
꽁짜 할머니의 인성 특강 • 76   **내가 만드는 인성 사전** • 78

도전
실패를 두려워하지 말고 도전하라고?
다나의 일기 꽁짜 할머니의 꿈과 도전을 본 날 • 80
꽁짜 할머니가 들려주는 인성 이야기 원숭이의 포기와 닉 부이치치의 도전 • 82
꽁짜 할머니의 인성 특강 • 90   **내가 만드는 인성 사전** • 92

리더십
피자 사 주고 회장이 되면 어때서?
다나의 일기 임원 선거를 준비하던 날 • 94
꽁짜 할머니가 들려주는 인성 이야기 대원 모두를 구한 섀클턴 대장의 리더십 • 96
꽁짜 할머니의 인성 특강 • 104   **내가 만드는 인성 사전** • 106

팔로어십
회장 결정을 따르지 않으면 어때서?
다나의 일기 회장의 말을 따르고 싶지 않던 날 • 108
꽁짜 할머니가 들려주는 인성 이야기 축구 경기를 승리로 이끈 선수들의 팔로어십 • 110
꽁짜 할머니의 인성 특강 • 116   **내가 만드는 인성 사전** • 118

시험 좀 못 보면 어때서?

자존감

다나는 학교에서 수학 시험을 봤어요.
온통 모르는 문제투성이였죠.
시험을 망친 다나는 낙심했어요.
어떻게 하면 다나가 다시 힘을 낼 수 있을까요?

EBS 스쿨랜드
〈나를 사랑하는 힘〉

다나의 일기 수학 시험을 망친 날

이렇게 우울할 땐 꽁짜 할머니를 만나는 게 상책이야. 그런데 꽁짜 할머니한테 오늘 일들을 이야기하다 보니 갑자기 울컥하지 뭐야.

좌절을 딛고 일어서게 하는 마음, 자존감

이 아이는 누구일까요? 아주 귀엽고 영특하게 생겼지요? 그런데 이 아이는 키도 작고 빼빼 마른 체격에 친구와 잘 어울리지도 못했어요. 모든 것이 더딘 아이였지요. 그 가운데서도 유난히 더딘 건 언어였어요. 네 살이 다 되도록 말을 잘 못했거든요.

"이 아이가 왜 말을 못하는 걸까? 혹시 언어 장애인가?"

아이의 부모는 걱정이 끊일 날이 없었지요. 다행히 네 살 무렵에 아이는 간신히 입을 떼며 말을 시작했어요.

"아유, 다행이네. 우리 아이가 언어 장애는 아니었어."

부모는 안도의 한숨을 내쉴 수 있었지요.

하지만 그것도 잠깐이었어요. 간신히 말을 시작한 아이의 입에서는 아주 어색한 말들이 튀어나왔거든요.

"어…… 엄마마 밥…… 밥 주세요."

아이는 아주 심하게 말을 더듬었어요.

"어이쿠! 이를 어째!"

산 넘어 산이라더니! 언어 장애가 아닌 걸 확인하고 기뻐했던 부모는 다시 고민에 빠질 수밖에 없었어요. 걱정은 아이가 학교에 들어갈 무렵, 더욱 심각해졌어요.

"킥킥, 쟤 좀 봐! 말하는 게 이상해."

"말더듬이야, 말더듬이!"

학교에서 아이가 놀림감이 되어 버린 거예요.

"더더더! 다다다! 말도 제대로 못하는 바보 멍청이!"

친구들은 아이 뒤를 졸졸 따라다니며 놀려 대고는 했어요. 아이는 학교 생활이 전혀 즐겁지 않았지요. 성적도 시원찮고 늘 의기소침했어요.

아이는 숙제조차 제대로 해내지 못할 때가 있었어요. 다른 학생들에 비해 부족한 이이의 과제물을 보며 선생님은 몹시 화를 냈어요.

"이 바보 같으니라고! 두고 봐! 넌 커서도 결코 쓸모 있는 사람은 못 될 거야!"

다음 아이를 주목해 주세요.

이 아이는 어린 시절부터 음악에 타고난 재능이 있었어요. 음악을 좋아하고 음악을 이해하는 능력이 뛰어났지요.

그러자 아이의 아버지는 욕심이 생겼어요.

"우리 아이는 타고난 음악 천재야. 지금부터 열심히 연습을 시키면 세계적인 음악가가 될 게 분명해."

일찌감치 아이의 재능을 알아본 아버지는 아이를 음악 천재로 키우기로 결심했어요. 그래서 갖가지 악기를 가르치기 시작했지요.

"넌 피아노 연주에 타고난 재능을 가졌구나. 매일 연습해서 너의 능력을 보여 주렴."

"넌 바이올린도 잘할 수 있어. 빨리빨리 연습을 해."

"오르간도 아주 잘 연주하는구나. 이것도 해 보렴."

아이가 배울 악기들이 하나 둘 늘어 갔어요. 그만큼 연습에 시달리는 시간도 늘어 갔지요.

사실 아이가 정말 좋아하는 건 악기 연주가 아니었어요. 악기를 연주하며 음악을 작곡하는 일이었지요.

하지만 아버지는 모든 악기를 연주할 수 있어야 비로소 작곡도 할 수 있다고 생각했어요. 그래서 아이가 작곡을 하는 날이면 호되게 다그쳤답니다.

"넌 아직 작곡을 할 실력이 되지 않아. 그런 피아노 실력으로 무슨 작곡을 한다는 거야. 어서 피아노 연습이나 해!"

아버지는 좀처럼 아이의 실력에 만족하지 않았어요. 그 때문에 아이는 끝없이 피아노 연습을 해야 했어요. 치고, 또 치고, 또 다시 쳐야만 했지요.

그럴 때마다 아이는 슬펐어요.

'난 왜 이 정도밖에 못 치는 걸까? 왜 아빠가 원하는 만큼 연주를 하지 못하는 걸까?'

아이는 서서히 지쳐 갔어요. 그리고 피아노 연주에 싫증을 느끼기 시작했지요.

"피아노 치기 정말 싫어!"

그럴수록 아버지는 더욱 혹독해졌어요.

"피아노 숙제를 제대로 끝내지 못하면 오늘 저녁은 먹지 못할 거야!"

아버지는 악기 훈련을 위해서 더욱 많은 연습이 필요하다고 생각했어요. 그래서 아이를 학교에도 제대로 보내지 않았어요. 그 때문에 아이는 사람들의 웃음거리가 되기 일쑤였지요.

"그 정도 계산도 못해? 너 바보구나."

"깔깔깔! 다 큰 아이가 철자를 틀리게 쓰다니!"

아이는 수 계산은 물론 글자도 제대로 익히지 못했던 거예요. 놀림을 받을 때마다 아이는 자괴감에 빠질 수밖에 없었지요.

"난 왜 이 모양일까? 잘하는 게 하나도 없어."

많은 것을 포기하고 음악 공부에만 힘쓰던 아이는 어느 날 더 큰 좌절을 경험했어요. 아이를 가르치던 음악 선생님의 입에서 혹독한 비판이 쏟아졌거든요.

"이 아이는 결코 훌륭한 작곡가가 될 수 없을 겁니다. 확실해요!"

다음 아이는 또 누굴까요?

어린 시절부터 가난과 슬픔이 친구처럼 따라다닌 불행한 아이였어요.

아이의 버팀목이 되어 줘야 할 형들은 일찌감치 집을 나가 버렸어요.

"이렇게 가난한 집에서는 살기 싫어!"

"매일 욕하고 때리는 아버지는 정말 싫어!"

혼자 남은 아이는 아버지의 욕설과 거친 행동들을 고스란히 참아 내야 했지요.

아버지의 폭력을 참아 내는 일은 어린아이가 감당하기에는 힘든 고통이었어요. 형들에 대한 그리움을 이겨 내는 일도 너무 힘겨웠지요.

외로움과 슬픔에 빠진 아이를 지켜 주는 건 하나뿐이었어요.

"형들이 보고 싶어. 오늘은 형들 얼굴을 그려 보자."

"동화에 나오는 마법의 나라가 정말 있을까? 그런 나라가 있다면 얼마

나 좋을까? 그래! 내가 직접 그 나라를 그려 보는 거야."

그리운 이들과 가고픈 나라를 현실로 데려오는 마술! 바로 그림 그리기였어요. 종이 위에 상상했던 것들을 그릴 때면 아이는 세상에서 가장 행복한 사람이 되었지요.

아이에게 꿈이 생긴 건 그 무렵이었어요.

"그림을 열심히 그려서 그림을 아주 잘 그리는 사람이 될 거야."

아이는 열심히 그림 연습을 했고, 어른이 되어서는 광고 회사에서 그림 그리는 일을 했지요. 실력에 대한 자부심도 생겼어요.

'난 가진 게 많지는 않아. 하지만 그림 그리는 것만은 자신 있어!'

그런데 그 자부심마저 상처를 입게 된 일이 있었어요. 그의 그림을 본 회사의 편집장이 인상을 쓰며 고함쳤어요.

"자네는 아이디어가 형편없어! 자네 그림은 창조적인 구석이라고는 찾아볼 수가 없다고."

결국 그는 회사에서 해고까지 당하는 신세가 되고 말았지요.

자, 세 사람의 이야기를 잘 들었나요? 말더듬이로 놀림받은 아이, 아버지와 선생님으로부터 상처받은 아이, 단 하나의 위안인 그림 실력조차 인정받지 못한 사람. 한결같이 큰 좌절과 고통을 겪었어요. 그 때문에

좌괴감에 빠지고 자신감을 잃을 수밖에 없었지요.

그런데 이 세 사람은 모두 좌절을 극복하고 끝까지 자신을 믿었어요.

"누가 뭐래도 난 내 자신을 믿어. 포기하지 않고 내 꿈을 향해 나가면 반드시 성공할 거야."

이 세 사람에게는 또 하나의 공통점이 있었어요. 모두 역사 속에 '훌륭한 인물'로 기록되었다는 거지요. 말도 안 된다고요? 누구에게도 인정받지 못한 사람들이 어떻게 역사 속 인물로 기록이 되냐고요?

놀라지 마세요. 말더듬이 아이는 바로 아인슈타인이에요. 좋아하는 과학 연구에 몰두해서 상대성 이론이라는 과학 이론을 만들어 낸 훌륭한 과학자가 되었지요. 두 번째 아이는 인류 음악사에 최고의 작곡가로 남은 베토벤이고요. 세 번째 아이는 가장 창조적인 캐릭터인 미키마우스를 그려 낸 디즈니랜드의 창립자, 월트 디즈니예요. 좌절 속에서도 자신의 재능을 사랑하며 스스로를 믿었던 사람들이지요.

"스스로 자신을 존경하면 다른 사람도 그대를 존경할 것이다. —공자"

만약 이야기 속 세 아이가 좌절해 버렸다면 아인슈타인, 베토벤, 디즈니는 역사 속에 기록되지 못했을 거예요. 하지만 그들은 다른 사람들의 평가보다는 자기 자신에 대한 믿음이 컸어요. 무엇보다도 자신을 사랑했고, 자신의 꿈과 일을 사랑했지요.

이처럼 스스로가 자신을 존중하고 사랑하는 마음을 '자존감'이라고 해요. 자존감을 가지고 살아가는 일은 아주 중요해요. 실수와 실패가 있어도 나 스스로가 나를 인정하고, 위로하고, 격려하는 마음이 있다면 그 어떤 어려움도 이겨 낼 수 있으니까요.

다나에게 지금 가장 필요한 건 바로 스스로를 사랑하는 마음이에요. 누구나 잘하는 일이 있고, 못하는 일이 있기 마련이지요. 늘 잘하던 것도 간

혹 실수할 때도 있고요. 스스로를 사랑하면 잘 못하는 부분은 용서하고 격려하게 되며, 잘하는 부분은 자랑스러워질 거예요.

'수학 시험 좀 망치면 어때? 수학은 공부하면 얼마든지 성적을 올릴 수 있는 건데 뭐. 늘 잘하다가 딱 한 번 실수한 거잖아. 게다가 난 국어도 잘하고, 미술 실력도 최고야. 이 정도면 난 정말 훌륭해.'

이렇게 당당할 수 있는 마음이 중요하지요.

실수와 실패가 있어도 스스로가 자신을 인정하고 위로한다면 극복하지 못할 위기나 어려움은 없을 거예요.

자존감은 타인에 대한 사랑의 힘도 길러 줘요. 스스로를 소중히 여기며 사랑할 줄 아는 사람이라면, 이웃과 생명에 대한 소중함 또한 잘 알 수 있을 거예요.

수학 시험을 망친 날, 다나는 '자존감'에 대해 생각하게 됐어요.
다나가 생각하는 자존감은 어떤 것인지 들어 보고,
내가 생각하는 자존감을 써 보세요.

다나가 생각한 자존감은
수학 시험을 못 봐도 국어를 잘하는 자신을 사랑할 줄 아는 마음이에요.

다나가 생각한 자존감은
자신을 존중하고 스스로를 사랑하는 거예요.

내가 생각한 자존감은

예요.

내 목표를 다른 사람에게 말하라고?

다나는 백일장에 나가서
상을 타는 것이 목표예요.
글쓰기가 재미는 있지만, 글을 잘 쓰지는 못한답니다.
그래도 상을 받고 싶어 하는 다나,
목표를 이룰 수 있는 좋은 방법 없을까요?

목표와 노력

EBS 스쿨랜드
〈말하는 대로〉

백일장 신청서를 낸 날

권투 선수 알리의 목표를 이루어 준 말과 노력

"오늘 치러질 경기는 헤비급 타이틀 전! 여러분, 알리 선수가 들어오고 있습니다!"

안내자가 링으로 들어서는 선수를 소개하자, 경기장 안의 열기는 더욱 강해졌지요.

"알리! 알리!"

알리는 날카로운 눈매와 단단한 체격을 가진 흑인 선수였어요. 당찬 경기 실력과 강한 정신력으로 인기가 높은 선수였지요. 그런데 링에 오르자마자 알리 선수는 이상한 행동을 하기 시작했어요. 환호하는 사람들을 향해 이렇게 고함을 친 거예요.

"나는 챔피언이다! 나는 반드시 이긴다!"

알리의 목소리가 링을 울리자, 관객들은 불같이 환호했어요.

"알리! 알리! 떠버리 알리!"

세계적인 헤비급 권투 선수인 무하마드 알리는 '떠버리 알리'로 불리며 세계인의 인기를 듬뿍 받았어요. 알리가 '떠버리 알리'로 불린 데는 그만한 이유가 있어요. 알리는 경기 일정이 잡히면 늘 이렇게 떠벌리고 다녔거든요.

"나는 챔피언이다! 나는 반드시 이긴다!"

친구들과 이웃에 떠벌리는 건 물론, 기자들과의 인터뷰에서도 쉴 새 없이 말했어요.

"이번 경기는 반드시 내가 승리합니다! 내가 이깁니다!"

알리는 권투 시합 중에도 예외 없이 상대방 선수를 향해서 떠벌렸답니다.

"아무도 나를 이길 수 없어! 내가 승리한다!"

경기장 안에서건 밖에서건 자신의 승리를 장담하며 떵떵 소리치는 선수라니! 그러니 '떠버리 알리'로 불리는 건 당연했지요.

그러다 보니 빈정거리는 사람들도 많았어요. 하지만 그런 빈정거림과 놀림은 곧 환호성으로 바뀌어 버렸어요.

'반드시 이긴다.'는 말이 마법의 주문을 걸기라도 한 걸까요? 알리는 매 경기마다 뛰어난 실력을 보여 주었거든요. 마치 나비처럼 날아올라 상대방 선수를 향해 벌처럼 공격하는 알리 선수!

알리의 경기를 본 사람은 환호와 감탄을 늘어놓을 수밖에 없었어요.

"정말 헤비급이라고는 믿기지 않는 스피드와 몸놀림이군."

"저 정도니 팬들이 열광할 수밖에!"

게다가 그 실력을 증명이라도 하듯 알리는 권투 역사에 획기적인 성과를 올렸지요. 어릴 때부터 권투를 잘했던 알리는 아마추어 선수로서

180승을 올리더니, 1960년 로마 올림픽에서는 금메달을 땄어요. 그리고 '통상 전적, 61전 56승 5패 37 KO승'이라는 엄청난 결과를 낳으며 프로 권투 헤비급 역사상 세 번이나 왕좌에 오른 첫 선수가 되었지요. 그 때문에 알리의 이름 앞에는 '떠버리'라는 수식어 외에 '영원한 챔피언'이란 말도 생겨나게 되었어요.

그런데 알리가 이처럼 큰 성과를 이룬 데에는 그의 '떠벌리는' 습관이 큰 역할을 했다고 해요. 그가 떠벌린 말들이 반드시 이루어야 하는 공개적인 목표가 되었다는 거예요.

정말 그런 걸까요? 스티븐 헤이스라는 심리학과 교수의 실험은 '말하는 것과 목표를 이루는 것'의 관계를 잘 설명해 주고 있어요.

스티븐 교수는 평소 꿈을 이루기 위해서는 분명한 목표가 필요하다고 생각했어요. 그리고 이런 의문을 제시했어요.

"목표 공개 여부에 따라 학생들의 성적이 달라지지 않을까?"

그것을 알아보기 위해 스티븐 교수는 특별한 실험을 했어요. 실험을 위해 학생들을 모은 뒤, 그 학생들을 A, B, C 세 그룹으로 나누었어요. 그리고 그룹마다 다른 조건을 설정해 주었지요.

A 그룹에게는 자기가 받고 싶은 목표 점수를 다른 사람들에게 공개하도록 했어요. B 그룹에게는 목표 점수를 마음속으로만 생각하게 하고,

C 그룹에게는 목표 점수에 대한 어떤 요청도 하지 않았지요.

스티븐 교수는 물론, 실험을 지켜보는 보는 사람들은 결과가 몹시 궁금했어요. 사실 부정적인 결과를 예측하는 사람도 많았어요.

"목표를 공개했다고 해서 뭐가 달라지겠어? 어차피 각자 공부하는 습관은 변하지 않을 거고, 갑자기 아이큐가 높아질 리도 없잖아."

그런데 얼마 뒤 공개된 세 그룹의 성적은 놀라웠어요.

"마음속으로 목표를 간직한 B 그룹과 아예 결심을 하지 않은 C 그룹의 성적에는 큰 변화가 없었습니다. 하지만 목표 점수를 공개한 A 그룹은 다른 두 그룹에 비해 현저하게 높은 점수를 받았습니다."

목표를 공개한 그룹의 학생들 성적이 월등히 높았던 거예요.

스티븐 교수는 그 이유를 이렇게 설명했어요.

"남들에게 자신의 목표를 공개하고 나면 자신이 한 말에 대해 책임감을 느끼게 됩니다. 그리고 자신이 내뱉은 말을 책임지기 위해 그러지 않은 사람들보다 열심히 노력하게 되는 거지요."

그렇다면 알리도 자신이 떠벌린 말에 대해 책임감을 가졌던 걸까요?

물론이에요. 알리는 자신을 다잡기 위한 수단으로 '떠버리'를 택한 건지도 몰라요. '반드시 승리한다!'라고 떠벌린 말은 그대로 기사로 실리며 알리의 '공개 목표'가 되었으니까요. 그 목표를 이루지 못하면 전 세계적으로 놀림감이 되는 상황을 스스로 만든 거예요. 그리고 그 목표를 이루고 놀림감이 되지 않기 위해 알리는 고된 훈련을 거듭했어요. 마음이 약해질 때면 자신이 떠벌려 놓은 말이 실린 기사를 보며 마음을 다잡았지요.

"난 반드시 이겨야 해! 반드시!"

알리의 이런 노력을 늘 가까이서 지켜본 사람이 있었어요. 알리의 트레이너였던 안젤로 던디였어요. 안젤로 던디는 기자와의 인터뷰에서 알리를 이렇게 묘사했지요.

"알리는 위대한 전설이다. 항상 가장 먼저 체육관에 나와 가장 늦게 체육관을 떠났다."

꽁짜 할머니의 인성특강

"어떤 말을 만 번 이상 되풀이하면 그 일이 이루어진다. —아메리카 인디언의 금언"

"나는 챔피언이다. 나는 이긴다. 아무도 나를 이길 수 없어!"라고 소리쳤던 무하마드 알리! 그런데 그 말들은 도대체 누구에게 한 것이었을까요?

아마도 그건 자신을 향한 말이었을 거예요. 꼭 승리하고 챔피언이 되겠다는 자신과의 약속이며, 자기 자신에 대한 믿음이었던 거지요. 그리고 나태해지거나 주저앉고 싶을 때 자신을 일으켜 세우는 용기의 말이기도 했을 거예요.

심리학에 '자기 충족 예언'이라는 말이 있어요. 자기가 예언하고 바라는 것이 실제 현실에서 충족되는 현상을 말해요. 그만큼 원하는 것을 생각하

고 말하는 것이 중요하다는 의미랍니다.

하버드 대학교 심리학과 교수인 로버트 로젠탈의 실험은 이런 말의 힘을 잘 보여 주어요.

로버트 교수는 미국의 한 초등학교에서 전교생을 대상으로 지능 검사를 실시했어요. 그리고 그 결과에 상관없이 20퍼센트 정도의 학생을 뽑고 선생님들에게 이 학생들은 지능이 아주 높아 성적 향상이 많이 될 것이라고 말해 주었어요. 그런데 8개월 후, 실제로 그 학생들의 성적이 많이 올랐지 뭐예요. 20퍼센트의 학생들에 대한 선생님들의 기대와 믿음이 커지면서 실제로 학생들을 대하는 태도가 달라졌던 거예요. 이런 변화는 학생들의 자신감과 용기를 높여 주면서 공부를 하는 데 큰 도움이 되었지요. 그야말로 말하는 대로 되어 버린 거예요.

얼떨결에 백일장에서 상을 받을 거라고 말한 다나는, 이왕 이렇게 되었으니 열심히 노력해서 공개 목표를 달성하기로 마음먹었어요. 다나에게도 말하는 대로 마법이 이루어지길 바랍니다.

백일장 신청서를 낸 날, 다나는 '목표를 이루기 위한 노력'에 대해 생각하게 됐어요. 다나가 생각하는 목표를 이루기 위한 노력은 어떤 것인지 들어 보고, 내가 생각하는 목표를 이루기 위한 노력을 써 보세요.

다나가 생각한 **목표를 이루기 위한 노력**은
백일장에 나간다고 공개 선언하는 거예요.

다나가 생각한 **목표를 이루기 위한 노력**은
자신에게 한 말을 지키는 거예요.

내가 생각한 **목표를 이루기 위한 노력**은

예요.

계속 실수만 하는데도 괜찮다고?

실수와 실패

다나는 학교에서 공놀이를 하다가 유리창을 깼어요.
요즘 되는 일이 하나도 없고,
연거푸 실수만 하는 다나.
실수투성이 다나는 쓸모없는 존재일까요?

EBS 스쿨랜드
〈아무짝에도 쓸모없진 않아!〉

# 다나의 일기 : 교실 유리창을 깬 날

운동장에 모여 공놀이를 하는데 마침 내 앞에 공이 뚝 떨어졌어. 이번 공만 잘 차면 우리 팀이 이기는 거였지. 난 있는 힘을 다해 공을 찼어.

좋아 내 실력을 보여 주겠어!

공이 펑! 소리를 내며 높이 날아올랐어. 그리고 쭉 쭉 화단을 넘어 교실 쪽으로 가더니 "쨍그랑!" 하는 소리가 들리는 거야.

아, 요즘엔 정말 되는 게 하나도 없어. 날마다 실수투성이라고. 엄마가 아끼는 화장품을 깨뜨렸고, 아빠의 휴대폰을 변기에 빠트리는 대형 사고도 쳤지. 새 옷에 김치 국물을 흘렸고, 길에서 개똥을 밟기도 했어. 그런데 오늘은 교실 유리창까지 깨다니!

고개를 푹 숙이고 터벅터벅 걸어가는데 발이 얼마나 무겁던지.

특별한 발명을 이끌어 낸 새로운 가능성, 실수

1968년, 미국의 한 회사에서 아주 이상한 접착제가 탄생했어요. 그건 잘 붙기도 하지만, 잘 떨어지기도 했어요. 접착제라면 한 번 붙으면 안 떨어져야 하는 거 아닌가요? 그런데 잘 떨어지는 접착제라니요?

사실 이 접착제는 한 연구원의 실수로 생겨난 것이었어요. 당시 회사에서는 아주 강력한 접착제를 새로 만들 계획이었어요. 그런데 담당 연구원이 접착제를 만들 때 본래 넣어야 하는 액체를 착각해서 다른 것을 넣는 바람에 이상한 것이 만들어진 거지요.

"이키! 이걸 어쩌면 좋아. 쓸모없는 접착제가 만들어져 버렸네."

그 접착제는 이내 쓸모없는 물건이 되어 버려지는 신세가 되었지요.

그런데 이 실패작을 눈여겨본 사람이 있었어요. 바로 엔지니어인 아트 프라이였어요.

"이 접착제를 이용하면 내 고민이 한방에 해결되겠는걸."

프라이는 교회에서 찬송가 페이지를 찾기 쉽도록 종이를 끼워 뒀지만, 이내 종이가 빠져나가 페이지를 다시 찾느라 허둥댔거든요. 차라리 종이를 접착제로 붙여 볼까도 했지만 그러면 책이 망가질 테고 종이를 뗄 수도 없으니 그것도 문제였죠.

그 때문에 프라이는 이런 생각을 했어요.

'종이를 붙였다가 깨끗하게 뗄 수 있다면 정말 좋을 텐데…….'

그런데 붙었다가도 잘 떨어지는 접착제를 봤으니, 프라이의 기쁨이 얼마나 컸겠어요.

"그래! 저 접착제를 이용하면 그런 종이를 만들 수 있을 거야."

프라이는 당장 회사에 자신의 생각을 말했지요.

"저 접착제를 이용해서 붙였다가 뗄 수 있는 종이를 만듭시다."

하지만 프라이의 생각은 무시되고 말았어요.

"말도 안 돼! 그런 걸 누가 산단 말이오."

프라이는 포기하지 않았어요. 그 뒤 12년이나 연구를 했고, 그 결과 붙였다가 깔끔하게 뗄 수 있는 메모지를 발명했어요. 이것이 바로 접착식 메모지인 '포스트잇'이에요. 지금은 사무실과 학교 등에서 누구나 사용하는 필수품이 된 물건이지요.

1999년, 포스트잇은 AP통신이 정한 '20세기 히트 상품'에도 선정될 만큼 인기를 모았어요. 실수가 탄생시킨 최고의 상품이 된 거지요.

전기가 통하는 전도성 플라스틱도 실수로 탄생했어요.

많은 사람들은 생각해요. 플라스틱은 전기가 통하지 않는다고 말이에요. 그런데 이런 고정 관념을 깬 사람이 있어요. 바로 일본의 시라카와 히데키라는 박사지요.

　시라카와 박사는 어느 날 폴리 아세틸렌 고분자 제조 실험이라는 특별한 연구를 하고 있었어요. 그런데 실험 중에 촉매를 정해진 양보다 많이 넣는 실수를 해 버린 거예요.

"아이쿠! 이를 어째!"

그런데 놀란 시라카와 박사의 시선을 잡아끄는 게 있었어요. 물체에서 이상한 현상이 나타난 거예요.

"반응 용액 표면에 빛나는 물질이 만들어지네. 저게 뭐지?"

박사는 그 물질을 연구하기 시작했는데, 그것이 바로 전기가 통하는 전도성 플라스틱의 실마리가 된 순수한 트랜스 폴리아세틸렌이란 물질이었어요. 그 후 시라카와 박사는 미국 펜실베이니아 대학의 앨런 맥더미드 교수 등과 공동 연구를 했어요. 그리고 마침내 전도성 플라스틱

실수와 실패

개발에 성공했지요.

 전도성 플라스틱은 많은 물질의 재료가 되고 있어요. OLED 디스플레이, 플랙서블 디스플레이, 태양 전지 등의 재료가 바로 전도성 플라스틱이거든요.

 시라카와 박사의 실수는 플라스틱은 전기가 통할 수 없다는 편견을 깨는 아주 특별한 발명품의 계기가 되었던 거예요.

 가정의 필수품인 전자레인지도 실수를 통해 탄생했어요.

 1945년, 잠시 휴식을 취하고 있던 미국의 과학자 퍼시 스펜서는 화들짝 놀라고 말았어요. 퍼시는 평소 초콜릿을 좋아해서 늘 주머니에 넣고 다녔는데, 그날따라 초콜릿 바가 모두 녹아 버렸거든요.

 "이상하다? 날씨가 더운 것도 아닌데 왜 초콜릿이 녹은 거지?"

 퍼시는 과학자답게 그 원인을 찾기 위해 애썼어요.

 "음, 옷의 문제는 아니고, 연구실 온도도 원인이 아니야. 평소와 다름없잖아. 그럼 뭐지?"

 그때 퍼시 눈에 들어온 건 마그네트론이었어요. 마그네트론은 레이더 부품 중 하나인데 퍼시는 당시 그 옆에서 쉬고 있었거든요.

 "대체 마그네트론의 어떤 작용이 초콜릿을 녹인 걸까?"

 호기심이 발동한 퍼시는 다양한 실험을 시작했어요.

"마그네트론이 옥수수도 익힐 수 있을까?"

퍼시는 마그네트론 옆에 옥수수를 놓아 봤어요. 그러자 잠시 뒤 펑 하며 옥수수 낱알들이 터졌어요.

"히야! 옥수수가 팝콘이 되었어."

이번엔 달걀도 놓아 봤지요.

"와! 달걀도 익었어! 이거 정말 대단한걸."

퍼시는 그 원인도 밝혀냈어요.

"마그네트론에서 발생하는 마이크로웨이브, 즉 극초단파 때문이야. 마그네트론의 극초단파가 음식물 속의 물 분자를 빠르게 진동시켜 열을 내게 한 거야. 히야! 그 원리를 이용하면 음식을 간편하게 익힐 수 있는 전자 제품을 만들 수도 있겠는걸."

이렇게 탄생한 것이 바로 전자레인지예요. 한 연구원의 실수와 호기심이 탄생시킨 편리한 발명품이지요.

꽁자 할머니의 인성특강

" 뭔가 배울 수 있는 실수들은 가능한 한 일찍 경험하는 것이 이득이다. " -윈스턴 처칠

실수로 포스트잇이 만들어지고, 전자레인지와 전도성 플라스틱이 탄생하다니! 이 정도면 '실수는 발명의 어머니'라고 해도 되지 않을까요?

그런데 이처럼 실수로 탄생한 발명품들에는 한 가지 공통점이 있어요. 그것을 발명한 사람들은 '아무짝에도 쓸모없는 것'이라고 생각하는 사람들과는 달리, 실수로 생겨난 현상이나 물건 자체에 호기심과 흥미를 느꼈어요. 그리고 그 현상에 대해 열심히 연구를 했지요.

버려진 물건이나 현상도 그냥 지나치지 않고 다시 한 번 바라보며, 쓰임새를 찾은 거예요. 한마디로 같은 물건이라도 다른 방향에서 새롭게 바라본 거지요. 이런 것을 생각의 전환, 또는 발상의 전환이라고 해요.

발상의 전환은 사람의 삶도 바꾸어 놓아요.

다나가 만약 실수 때문에 부끄러워하고 좌절만 한다면 아무런 발전을 할 수 없을 거예요. 자신은 쓸모없는 아이라는 생각으로 점점 슬픔의 늪으로만 빠져들겠지요.

하지만 실수를 바탕으로 새로운 가능성을 찾아낸다면 결과는 전혀 달라질 거예요.

'창문을 깰 정도로 내 다리 힘이 셌던 거야? 히야! 이 정도면 세계적인 축구 선수가 되지 않을까?'

만약 이렇게 생각하고 열심히 노력한다면 정말 최고의 축구 선수가 되지 않을까요?

누구나 실수를 하고, 실패할 수 있어요. 하지만 중요한 건 그 실수와 실패를 바라보는 시각이지요. 부정적이고 어두운 생각보다는 밝고 긍정적인 생각을 하세요. 발상을 전환하고 새롭게 바라보세요. 그러면 실수가 성공의 기회로, 단점이 가능성으로 변하는 마술 같은 일이 벌어질 테니까요.

내가 만드는 인성 사전

교실 유리창을 깬 날, 다나는 '실수'에 대해 생각하게 됐어요. 다나가 생각하는 실수는 어떤 것인지 들어 보고, 내가 생각하는 실수를 써 보세요.

다나가 생각한 **실수**는
유리창을 깰 만큼 다리 힘이 세다는 걸 알게 된 계기예요.

다나가 생각한 **실수**는
새로운 가능성을 찾아낼 수 있는 기회예요.

내가 생각한 **실수**는

예요.

미래에 하고 싶은 일이 너무 많은 게 어때서?

직업

다나는 학교 숙제로 직업에 대해 생각해 봤어요.
태권도 선수, 선생님, NGO 활동가 등
누가 봐도 근사하고, 멋진 직업들이 떠올랐지요.
그런데 그게 다나에게도 좋은 직업일까요?

EBS 스쿨랜드
〈너는 커서 뭐가 될래?〉

내게 꼭 맞는 직업에 대해 생각해 본 날

'어른이 돼서 하고 싶은 직업과 그 이유 써 오기' 오늘 학교 숙제야.

뭐가 좋을지 한번 생각해 볼까?

음, 국가대표 태권도 선수가 되는 거야!

아니면, 좋은 선생님이 되는 건 어떨까?

늘 상냥한 웃음으로 아이들과 잘 통하는 좋은 선생님이 될 수 있을 것 같아.

매일같이 열심히 태권도를 배우고 있으니, 할 수 있지 않을까?

히야! 정말 흐뭇한데.

어려운 사람들을 도와주는 NGO 활동가도 근사할 것 같아.

마침 잘되었다 싶어서 할머니에게 도움을 청했는데, 할머니도 고민스런 표정으로 말씀하시는 거야.

변호사보다 레고! 네이든이 선택한 좋은 직업

　네이든 사와야는 유능한 변호사였어요. 번화가의 높은 빌딩에 있는 멋진 사무실에서 사회 저명인사들과 만나 큰일들을 해냈지요.

　사람들은 네이든을 부러워했어요.

　"나도 네이든 같은 변호사가 되고 싶어."

　"네이든은 얼마나 행복할까?"

　하지만 네이든은 행복하지 않았어요. 오히려 나날이 고민이 커져 가고 있었지요.

　'변호사는 좋은 직업이야. 매일 하는 증권이나 기업 관련 업무도 나쁘지 않아. 하지만 뭔가 빠진 느낌이야. 내 인생에서 정말 중요한 게 빠졌다는 느낌이 들어. 그게 뭘까?'

　어느 날, 네이든은 그 답을 찾았어요. 그날 만난 사람으로부터 이런 질문을 받았거든요.

　"네이든 씨, 당신은 무엇을 할 때 가장 즐겁나요? 물론 변호사 일을 할 때 가장 즐겁겠죠?"

　순간 네이든은 생각에 잠겼어요.

　'무엇을 할 때 가장 즐겁냐고? 물론 변호사 일이 보람된 일인 건 사실이야. 하지만 난 그 일을 할 때 즐겁지는 않아. 어린 시절부터 내가 좋아

하고 즐거워했던 일은 뭐지?'

네이든의 머릿속에 특별한 것이 떠오른 건 그때였어요.

'맞아! 난 그 놀이를 정말 좋아했어. 놀이를 하면 깜깜한 밤이 된 줄도 모를 만큼 재밌게 놀았지. 그래. 다시 그 놀이를 하자! 그럼 행복해질 거야.'

그날로 네이든의 생활이 바뀌었어요. 변호사 일을 마친 밤이면 네이든은 특별한 일을 시작했거든요. 조각칼을 들고 커다란 나무에 다양한 모양을 새기는 일이었어요.

네이든은 조각 놀이에 빠진 걸까요?

아니에요. 그건 다른 놀이를 하기 위한 준비 작업에 불과했어요. 조각이 만들어지면 네이든은 그 조각을 이용해서 밑그림을 그렸어요. 레고 조각품을 만들기 위한 밑그림이지요.

"그래! 난 어릴 때부터 레고 놀이를 정말 좋아했어. 레고를 할 때 가장 행복했어. 그래서 별명도 레고 박사였지."

레고 박사 네이든의 레고 놀이가 다시 시작된 거예요.

"레고를 이용해서 저런 조각품을 만들면 정말 멋질 거야. 레고가 예술 작품이 되는 거지."

그랬어요. 네이든은 놀잇감에 불과했던 레고를 이용해서 예술 작품을 만드는 특별한 일에 도전을 한 거지요.

사실 네이든이 레고로 조각품을 만든 건 이번이 처음은 아니었어요. 어린 시절에 이미 레고로 강아지를 만들었거든요. 당시 애완견을 갖고 싶었던 네이든은 레고를 조립해서 실제 크기의 애완견을 만들었던 거예요. 물론 짖지도 못하고 움직이지도 못하는 애완견이었지만, 네이든은 직접 만든 레고 애완견이 세상에서 가장 좋았지요.

네이든은 웹 사이트도 만들었어요. 그리고 자신의 밑그림이나 레고 작품을 올렸어요.

"나처럼 레고를 좋아하는 사람들이라면 무척 즐거워할 거야. 나의 즐거움을 다른 사람들과 나눌 수 있는 것만으로도 행복해."

그런데 네이든의 레고 놀이는 단지 놀이로 끝나지 않았어요. 어느새 네이든의 작품에 환호하는 팬들이 생겨났거든요. 웹 사이트가 방문자 폭주로 다운되는 일까지 벌어졌어요. 게다가 더 훌륭한 작품을 만들어 달라면서 제작 비용을 지원해 주는 사람들까지 생겨났지요.

"당신은 보통 재능을 가진 사람이 아니에요. 전문적으로 작품을 만들어 보세요. 제가 후원을 하겠습니다."

중대한 결단을 내려야 할 순간이 온 거예요.

'전문적으로 작품을 만들려면 많은 시간이 필요해. 변호사 일도 할 수 없어. 당장 돈도 벌 수 없겠지? 경제적으로 어려워질 거야.'

쉽게 결정을 할 수가 없었어요.

'그래도 난 레고 작품을 만들 때 즐겁고 행복해.'

네이든은 곧장 파트너 변호사를 찾아가서 말했어요.

"난 변호사 일을 그만둘 거야. 레고 아티스트가 되기로 했거든."

"뭐? 레고는 애들이나 갖고 노는 장난감이야. 그걸 가지고 놀려고 변호사를 그만둔다고?"

"그래. 난 장난감을 가지고 놀아야겠어. 그래서 변호사를 그만두기로 했어."

네이든의 결정은 주변 사람들의 웃음거리가 되었지요.

"미친 거 아냐?"

"정말 큰 실수를 하고 있군. 그런 말도 안 되는 일로 변호사를 그만두다니!"

하지만 네이든은 흔들리지 않았어요. 사람들의 야유와 걱정 속에서도 꿋꿋이 작품을 만들어 나갔지요.

물론 네이든의 생활은 어려워졌어요. 집세를 걱정해야 할 정도로 말이에요. 게다가 사회적으로 인정받던 지위가 사라지면서 네이든을 대하는 사람들의 태도도 달라졌지요.

그래도 네이든은 행복했어요. 하나 둘 완성되어 가는 작품을 보는 것만으로도 마음이 따뜻해지고 가슴 가득 기쁨이 차올랐으니까요. 그리고 마침내 네이든은 전시회를 열게 되었어요. 레고 예술가 네이든의 첫 전시회였지요.

그런데 그곳에서 놀라운 일이 벌어졌지 뭐예요. 네이든의 작품을 본 사람들이 일제히 환호와 찬사를 쏟아 냈거든요.

"깜짝 놀랐어요. 어릴 때 레고를 가지고 놀긴 했지만, 레고가 예술 작품이 될 수 있다는 생각은 전혀 못했어요. 그런데 이렇게 훌륭한 작품이 되다니!"

"정말 감동이에요. 당신의 작품은 감동 그 자체랍니다."

"레고로 만든 3D 작품은 정말 환상적이네요. 제게 많은 영감을 줘요. 네이든, 당신은 정말 훌륭한 예술가예요."

전시회는 성공적이었고 네이든의 이름은 단번에 전 세계로 알려졌어요. 그리고 인정받은 작품을 통해 엄청난 돈도 벌게 되었지요.

지금도 가끔 사람들은 네이든에게 물어요.

"변호사라는 좋은 직업을 버린 걸 후회하지는 않나요?"

그럴 때면 네이든은 당당히 대답하지요.

"좋은 직업이라는 게 뭘까요? 지위가 높고 돈을 많이 벌면 그게 좋은 직업일까요? 레고는 42층 사무실에 갇혀 웃음을 잃어 가던 나를 세상 밖으로 꺼내 주었어요. 비로소 나를 행복한 예술가로 만들어 주었지요. 게다가 지금은 돈도 많이 벌게 해 주고 있어요. 이 정도면 후회할 이유가 전혀 없지요. 옳은 선택이었어요."

네이든의 이야기는 사람들에게 이런 질문을 던져 주고 있어요.

'지위가 높고 돈을 많이 버는 직업이 과연 좋은 직업일까?'

그 대답을 찾고 싶다면, 다음의 자료를 보세요.

〈직업 만족도 순위〉

1위 초등학교 교장 선생님
2위 성우
3위 상담 전문가
4위 신부
5위 작곡가
　　：

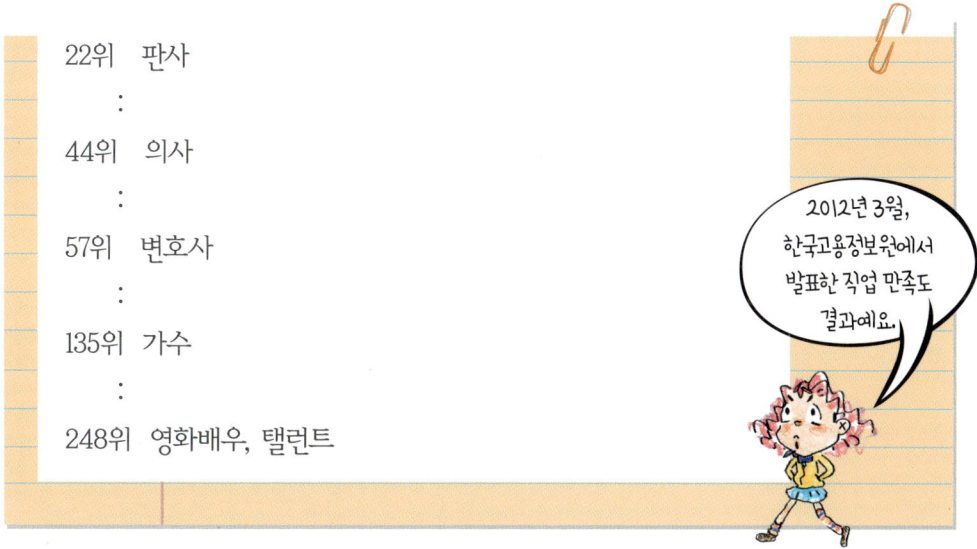

위의 결과는 당시 사람들을 놀라게 했어요. 사람들이 돈을 많이 벌 수 있다는 이유로 가장 선호하는 직업인 의사, 판사, 변호사나 연예인들의 직업 만족도가 아주 낮았으니까요.

이런 사실은 무엇을 의미할까요?

이 결과의 의미는 애플 사의 창업자인 스티브 잡스가 전한 말에서 찾을 수 있답니다.

"진정으로 만족하는 유일한 길은 당신이 위대한 일이라고 믿는 일을 하는 것이다. 위대한 일을 하는 유일한 길은 당신이 사랑하는 일을 하는 것이다. 사랑하는 사람을 찾듯, 사랑하는 일을 찾아라."

꽁짜 할머니의 인성 특강

" 세상에 천한 직업은 없다. 다만 천한 사람이 있을 뿐이다. " —링컨

직업에 대해 생각하다 보면 다나뿐만 아니라 대부분의 사람들은 다양한 고민에 빠져요.

자신이 '하고 싶은 일'과 '잘하는 일'이 다른 경우도 있고, 하고 싶은 일이 시간이 지나면서 계속 바뀌기도 하니까요. 그렇다면 자신에게 맞는 직업을 선택하기 위해서는 어떤 노력을 해야 할까요?

많이 듣고, 보고, 다양한 경험을 해 보는 것이 중요해요. 내가 미술에 재능이 있는지, 음악에 소질이 있는지, 경험을 해 봐야 알 수 있으니까요.

사실 우리가 아는 직업은 생각보다 많지 않아요. 최근 몇 년 사이 새로운 직업들도 많이 생겨났지요.

이런 직업들을 알기 위해서는 많이 듣고 봐서 정보를 얻어야 해요. 또

체험 수업이나 직업관 관람 등의 경험을 통해 그 직업이 어떤 것인지를 정확히 아는 것도 중요하지요.

그런데 '하고 싶은 일'과 '잘하는 일'이 너무 다르고, 다나처럼 하고 싶은 일이 수시로 변해서 여전히 고민이라고요?

좋은 방법이 있어요. 일단 세 가지 질문을 만드는 거예요.

'내가 하고 싶은 일은 뭘까?'

'내가 잘하는 일은 뭘까?'

'세상을 유익하게 만드는 일은 뭘까?'

세 질문에 대한 답이 나왔다면, 이제 그것을 세 개의 원으로 그려서 공통의 부분을 찾아보세요.

세 개의 원에 공통으로 해당하는 직업을 찾았나요? 내가 좋아하면서, 가장 잘하고, 또 세상에도 아주 유익한 일! 그것이 바로 여러분의 미래 직업이에요. 여러분을 행복하게 만들어 줄 진정한 직업!

내게 꼭 맞는 직업에 대해 생각해 본 날, 다나는 '좋은 직업'에 대해 생각하게 됐어요. 다나가 생각하는 좋은 직업은 어떤 것인지 들어 보고, 내가 생각하는 좋은 직업을 써 보세요.

다나가 생각한 **좋은 직업**은
그 일을 할 때 가장 즐거운 거예요.

다나가 생각한 **좋은 직업**은
자신이 좋아하고 잘할 수 있으며 다른 사람들에게 도움이 되는 일이에요.

내가 생각한 **좋은 직업**은

예요.

 # 꿈에 대해 생각해 본 날

친구들과 모둠 숙제를 하기 위해 꽁짜반점에 모였어.
이번 숙제는 모둠 구성원들의 꿈을 조사하고, 그 꿈의 본보기가 될 인물을 함께 알아보는 거야.

찬우부터 시작했어.
"우선 각자의 꿈부터 말해 보자. 난 배우가 꿈이야."

이어서 나랑 민지, 정찬이도 꿈을 말했지.
"난 선생님이 될 거야."

"난 의사!"

"난, 야구 선수가 꿈이야."

그런데 우리 이야기를 듣던 꼼짜 할머니가 고개를 절레절레 흔드시지 뭐야.

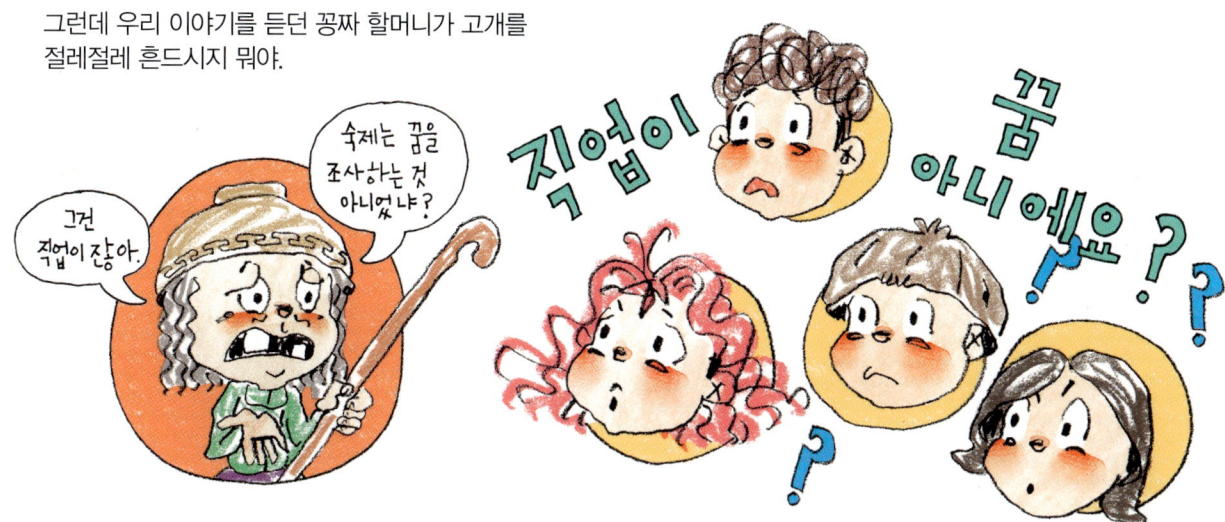

세상을 이롭고 행복하게 바꾼 아름다운 꿈

"지구는 물이 부족합니다. 그래서 전 세계 10억 명이 넘는 사람들은 오염된 물을 마시며 살아가지요. 특히 아프리카는 거듭된 가뭄으로 그 상황이 아주 심각한 상태입니다. 더러운 물로 전염되는 설사병 때문에 아프리카에서만 매년 1,800여 명의 아이들이 목숨을 잃는다고 합니다."

텔레비전 뉴스를 통해 세계 곳곳으로 아프리카의 고통을 알리는 소식이 전해졌어요. 그 소식에 미켈은 가슴이 아팠지요.

"저렇게 더러운 물을 먹고 살아야 하다니! 도와줄 방법이 없을까?"

미켈은 베스트가드 프란젠이라는 사회적 기업을 운영하는 CEO예요. 사회적 기업이란 많은 돈을 버는 것을 목표로 하는 기업이 아니라, 가난한 사람들과 함께 살아가는 것이 목적인 기업을 말해요. 특히 베스트가드 프란젠은 아프리카 사람들의 삶을 위해 노력하는 사회적 기업이에요. 그러다 보니 미켈은 아프리카 소식에 더 예민할 수밖에 없었어요.

고민 끝에 미켈은 회사 사람들과 연구를 시작하기로 했지요.

"아프리카 사람들에게 가장 필요한 건 오염된 물을 맑게 해 줄 정수기입니다. 하지만 전기도 안 들어오고, 시설과 돈도 부족해서 대형 정수기는 쓸 수가 없어요. 전기도 필요 없고 값도 저렴하고 어디에나 들고 다니며 정수할 수 있는 정수기를 만들어 봅시다."

이렇게 해서 탄생한 것이 바로 라이프 스트로예요. 어디서나 간편하게 사용할 수 있는 휴대용 정수기지요.

크기는 작지만 라이프 스트로의 성능은 대단해요. 라이프 스트로 안의 작은 필터기는 흙탕물은 물론 박테리아와 기생충까지 99.9퍼센트 걸러 주거든요.

라이프 스트로의 발명은 질병으로 고생하던 아프리카 사람들을 살리는 고마운 필수품이 되었어요. 아프리카 외의 물 부족 국가들에도 유용한 정수기가 되고 있지요.

그런데 물 때문에 고생하는 아프리카 사람들을 보며 안타까워하는 사람이 또 한 명 있었어요.

피터 핸드릭스라는 디자이너예요. 피터는 평소 다른 디자이너들과는 차별되는 특별한 디자인을 꿈꾸며 살았어요.

"난 비싸거나 화려한 디자인을 원하지 않아. 화려한 것보다는 사람을 위한 디자인을 하고 싶어."

그런 피터의 눈에 들어온 건 아프리카 아이들이 사용하는 물통이었어요. 아프리카 사람들은 물이 부족하다 보니, 몇십 킬로미터나 떨어진 먼 곳에서부터 물을 길러 와야 하지요. 물 한 모금을 마시기 위해 두세 시간을 걸어야 하는 거예요. 게다가 물을 담는 도구도 무거운 양동이나 항아리이다 보니 보통 고통스러운 일이 아니었어요. 물 양동이를 머리나 어깨에 이고 두세 시간을 걸어야만 하니까요.

"머리나 어깨에 이지 않고도 물을 길러 올 수 있는 특별한 도구를 디자인해 보자!"

그날부터 피터는 디자인 연구에 몰두했어요.

그 결과 탄생한 것이 바로 큐드럼이지요. 자동차 타이어 모양의 큐드럼에는 한 번에 50리터의 물을 담을 수 있어요. 게다가 타이어처럼 굴려서 운반할 수 있기 때문에 많은 물도 힘들이지 않고 거뜬히 옮길 수가 있는 거지요. 물을 긷느라 고생하는 아프리카 아이들을 돕고 싶었던 피터의 따뜻한 마음, 그 마음이 세상

에서 가장 아름다운 물통을 만들어 낸 거예요.

큐드럼에 감탄하는 사람들에게 피터는 이렇게 말했어요.

"제 꿈은, 작은 아이디어가 세상을 바꿀 수 있다는 것을 보여 주는 것입니다."

제시카 메튜도 작은 아이디어로 세상을 바꾼 사람이에요. 그녀가 발명한 작은 발명품 하나가 어둡던 세상을 환하게 밝혔거든요.

제시카는 대학 시절 친구들과 특별한 발명품 연구에 몰입했어요.

"전기가 모자라서 불편을 겪는 나라가 많아. 그 나라의 사람들이 손쉽게 전기를 얻을 수 있는 방법이 없을까? 그 방법을 우리가 찾아보자."

연구 끝에 제시카와 친구들이 떠올린 건 축구공! 아이들이 신나게 차면서 노는 축구공을 보며 힌트를 얻은 거지요.

"아하! 축구공의 운동 에너지를 전기 에너지로 바꾸면 어떨까? 축구공에서 전기를 만들어 내는 거지."

이렇게 탄생한 것이 바로 소켓볼, 전기를 만드는 축구공이에요.

소켓볼을 가지고 15분간 축구를 하면 3시간 동안 사용할 수 있는 전기가 만들어져요. 1시간 축구를 하면 한 집에서 밤 동안 쓸 수 있는 전기가 만들어지지요.

소켓볼에는 뚜껑이 있는데, 이 뚜껑을 열면 콘센트가 나와요. 여기에

플러그를 꽂아 가전 제품을 사용하면 되는 거예요.

라이프 스트로, 큐드럼, 소켓볼 등은 비록 작은 발명품이지만, 어려움을 겪는 사람들에게 큰 도움을 준 아름다운 발명품으로 인정을 받고 있어요. 개인의 이익보다는 공공의 이익과 나눔을 실천하고자 했던 발명가들의 아름다운 희망과 꿈이 세상을 어떻게 바꿀 수 있는지를 보여 준 발명품들이랍니다.

조너스 소크 박사도 아름다운 꿈과 바람이 얼마나 세상을 바꿀 수 있는지를 보여 준 사람이에요.

1900년대 초까지 전 세계적으로 매년 50만 명의 소아마비 환자가 발생했고, 사람들은 소아마비의 공포에 떨어야 했어요. 소아마비는 근육의 신경 세포가 파괴되는 병으로, 이 병에 걸린 어린이 200명 중 한 명은 팔이나 다리가 마비되어 장애를 갖는 고통을 받아야 했지요. 가슴까지 마비가 되는 경우에는 사망에 이르기까지 했어요.

그러자 미국에서는 소아마비 퇴치를 위한 재단을 설립하고 백신 연구를 추진하기 시작했는데, 그 연구를 맡은 사람이 바로 소크 박사예요.

"어린이들을 소아마비의 고통으로부터 구하기 위해 반드시 백신을 개발하고 말겠어!"

소크 박사는 백신 개발에 힘썼어요. 그리고 200번이나 되는 실패를 거듭한 결과 마침내 1953년 3월 26일, 백신 개발에 성공했어요.

불구가 되는 고통에서 벗어나게 해 줄 백신이라니! 백신 개발 소식이 전해지자마자 소크 박사에게는 제약 회사들의 전화가 빗발쳤어요.

"소크 박사님, 백신 특허를 신청하고, 우리 회사와 손을 잡읍시다. 그럼 당신은 세계적인 부자가 될 거예요."

"소크 박사님, 우리 회사에 제조법을 파세요. 당신을 갑부로 만들어 주겠소."

제약 회사와 손만 잡는다면 소크 박사는 단번에 돈방석에 올라앉을 수 있게 된 거예요. 하지만 소크 박사는 모든 회사의 제의를 거절했어요.

"내 꿈은 부자가 되는 것이 아닙니다. 내가 소아마비 백신을 개발한 건 세상의 모든 사람들이 소아마비의 고통에서 자유로워지길 바랐기 때문입니다."

소크 박사는 당당히 자신의 뜻을 밝혔어요.

"나는 백신을 특허로 등록하지 않을 것입니다. 저 태양을 특허로 신청할 수 없는 것처럼 말입니다."

특허를 포기한다는 건 소크 박사가 발명한 백신의 제조법을 누구나 사용할 수 있도록 공개한다는 것이었어요. 누구나 적은 돈으로 백신을 맞을 수 있다는 뜻이었지요.

소크 박사의 단호한 의지로 결국 소아마비 백

신의 제조 방법은 무료로 세상에 공개되었어요.
그 결과 예방 백신 접종으로 세계의 어린이들이 소아마비의 공포로부터 벗어날 수 있게 되었지요. 어린이들이 고통에서 벗어나길 간절히 바랐던 소크 박사의 꿈이 일궈 낸 아름다운 결과였어요.

"그대의 꿈이 한번도 실현되지 않았다고 해서 가엾게 생각해서는 안 된다. 정말 가엾은 것은 한번도 꿈을 꿔 보지 않았던 사람들이다. - 에센바흐"

아름다운 꿈의 결과가 정말 대단하지 않나요?

라이프 스트로는 오염된 물이 가져오는 질병으로부터 수많은 사람들을 구해 냈어요. 큐드럼도 물 양동이에 짓눌렸던 아프리카 사람들의 고통을 해결해 주었지요. 소켓볼은 어둠에 묻혔던 산지와 오지의 곳곳에 밝은 빛을 전해 주었어요.

이 모든 것은 '고통받은 이들에게 도움을 주는 사람이 되고 싶다.'는 꿈들이 이루어 낸 아름다운 결과예요.

꽁짜 할머니의 이야기를 들은 다나와 친구들은 저마다 꿈에 대해 다시 생각해 보게 되었어요. 세상에 보탬이 되는 꿈을 갖고, 직업을 통해 진정으로 원하는 꿈과 희망을 실천하기로 마음먹었지요.

　　　　　　　　　　미래의 주인공이 될 어린이들이 '어떤 꿈을 가지며 사느냐.'는 아주 중요한 문제예요. 그 꿈에 따라 세상이 각박해질 수도 있고 풍요로워질 수도 있으니까요.

　만약 소크 박사가 소아마비 백신을 자신의 이익만을 위해 사용했다면 세상은 어떻게 되었을까요? 여전히 소아마비의 고통에 갇혀서 살아가는 사람들이 많았을 게 분명해요.

　소아마비가 사라진 세상! 그것은 자신의 이익보다는 사회의 이익을 꿈꾸고 소망했던 소크 박사의 희망이 일궈 낸 행복과 평화였어요.

　꿈을 꾸는 건 중요해요. 그보다 더 중요한 건 아름다운 꿈을 꾸는 거지요. 목마른 이들이 물을 마실 수 있게 하고, 어두운 곳에 불이 켜질 수 있게 하는 꿈, 무서운 질병으로부터 사람들을 구해 내는 꿈 말이에요.

　세상이 지금보다 더 아름답고 평화롭기를 바라나요? 그렇다면 여러분이 꾸는 꿈 속에 다른 사람에 대한 생각과 배려, 그리고 사랑이 들어 있어야 한다는 사실을 잊지 말도록 해요.

꿈에 대해 생각해 본 날, 다나는 '꿈'에 대해 생각하게 됐어요. 다나가 생각하는 꿈은 어떤 것인지 들어 보고, 내가 생각하는 꿈을 써 보세요.

다나가 생각한 꿈은
아이들이 행복하게 공부할 수 있도록 돕는 거예요.

다나가 생각한 꿈은
직업을 통해 세상에 보탬이 될 수 있는 일을 하는 거예요.

내가 생각한 꿈은

예요.

실패를 두려워하지 말고 도전하라고?

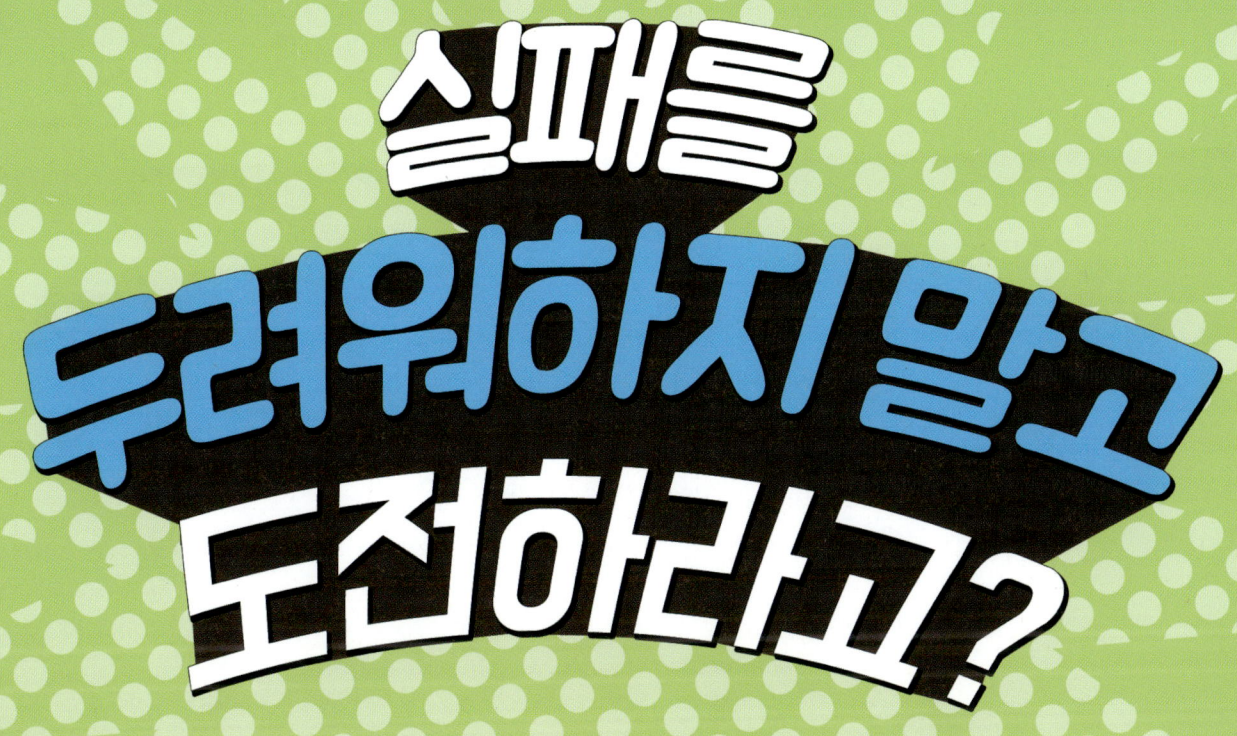

다나는 점심을 먹으러 꽁짜반점에 갔다가
꽁짜 할머니가 래퍼처럼 노래하고 춤추는 모습을 봤어요.
할머니의 꿈인 대박 스타 대회에
나가기 위한 준비라네요.
무모해 보이는 할머니의 도전을 말려야 할까요?

도전

EBS 스쿨랜드
〈포기하지 마〉,
〈내 삶은 이미 결정되어 있는 것일까?〉

꽁짜 할머니의 꿈과 도전을 본 날

심심한 일요일 점심.
꽁짜 할머니네 꽁짜반점에 점심을 먹으러 갔어.

나는야 멋쟁이
무엇이든 주문해
공짜, 공짜, 공짜라 공짜

공짜, 공짜, 공공짜, 공짜라 공짜

할머니는 무슨 래퍼라도 된 듯이 작은 무대에서 춤을 추며 노래하고 계셨어.
내가 옆에 있는 건 전혀 모르시는 것 같았어.

할머니! 저 배 고파요. 짜장면 주세요!

어!

다나 왔어?

OK!

무엇이든 주문해! 다 공짜, 공짜.

그런데 할머니, 도대체 무얼 하고 계셨던 거예요?
그 가발은 또 뭐고요?

이건 나의 콘셉트. 대회 날짜가 얼마 안 남았어. 열심히 연습해야 한다고.

할머니는 계속 어깨를 들썩들썩,
대답도 래퍼처럼 하시지 뭐야.

원숭이의 포기와 닉 부이치치의 도전

　게리 하멜 교수와 프라할라드 교수가 함께 쓴 논문인 〈미래를 위한 경쟁〉 속에는 아주 흥미로운 실험이 나와요. 1967년에 과학자 고든 스티븐슨이 원숭이들을 상대로 한 실험이에요.

　실험 방법은 이랬어요.

　배고픈 원숭이들 가운데 긴 사다리가 있어요. 사다리 꼭대기에는 맛있는 바나나가 있지요. 사다리에서는 어떤 일이 벌어질까요?

　"이야! 저기 맛있는 바나나가 있네."

　바나나를 발견한 원숭이들은 당연히 사다리를 타고 올라가 바나나를 먹으려고 했어요.

　그런데 이때 바로 특별한 실험이 시작되었어요.

　배고픈 원숭이 한 마리가 바나나를 먹으려고 사다리를 타고 올라간 순간, 미리 장착해 둔 샤워기에서 물이 쏟아진 거예요.

　"쏴아아!"

　"앗 차가워!"

　물세례를 맞은 원숭이는 화들짝 놀라 사다리를 내려가고 말았지요.

　실험은 반복되었어요.

　또 다시 원숭이가 바나나를 먹으려고 하자, 여전히 샤워기에서 쏴아아, 물이 쏟아진 거지요. 이번에도 물벼락을 맞은 원숭이는 바닥으로 떨어져 버렸고요.

나머지 원숭이들도 마찬가지였어요. 바나나를 먹으려고만 하면 샤워기에서 물이 쏟아졌고 원숭이들은 번번이 실패하고 말았지요.

그러자 곧 원숭이 집단에서는 바나나를 먹으려는 시도를 하지 않게 되었어요.

그런데 진짜 실험은 이제부터였어요.

얼마 후, 우리 안의 원숭이 중 한 마리를 새로운 원숭이로 교체했어요. 그리고 원숭이들을 관찰했지요.

놀라운 일은 바로 그때 벌어졌어요.

새로 들어온 원숭이가 바나나를 보고 사다리 위로 올라가려고 하자, 먼저 있던 원숭이들이 다가가 소리를 지르며 막은 거예요.

"올라가면 안 돼! 그러면 물벼락을 맞게 된다고!"

새로 들어온 원숭이에게 이렇게 일러 준 거지요. 그러자 새로 들어온 원숭이는 시도조차 하지 않고 바나나를 포기했어요.

그 이후에도 같은 일이 반복되었어요. 뒤이어 한 마리씩 원숭이가 교체되었는데, 그때마다 사다리를 오르려는 새로운 원숭이를 기존에 있던 원숭이들이 막아선 거예요. 물론 그때마다 새로 들어온 원숭이는 포기를

했고요.

 그렇게 원숭이들은 계속 교체되었고 마침내 우리 안에는 직접 찬물 세례를 받았던 원숭이는 한 마리도 남지 않게 되었어요.

그다음에는 어떻게 되었을 것 같나요? 원숭이들 사이에 바나나 사다리에 도전해 보려는 시도가 생겨나지 않았을까요?

그러지 않았어요. 여전히 어떤 원숭이도 바나나를 먹기 위해 사다리에 오르려고 하지 않았어요. 사다리 위의 맛난 바나나는 먹지 못하는 '그림의 떡'이 되어 버리고 만 거지요.

이 실험은 우리에게 많은 생각을 하게 해 주어요.

'왜 원숭이들은 도전을 포기해 버린 걸까?'

'직접 물세례를 경험하지 않은 원숭이들조차 도전을 포기해 버린 이유는 뭘까?'

그건 바로 '우린 또 실패할 거야.'라는 두려움일지도 몰라요. 지레 겁을 먹고, 포기해 버리는 거지요. 도전해 보지도 않고 말이에요.

그런데 여기 멋진 도전으로 인생을 바꾼 사람이 있어요. 해표지증이라는 병으로 태어날 때부터 양팔과 다리가 없이 태어난 사람, 닉 부이치치예요.

닉 부이치치는 두 개의 발과 발가락만 가지고 태어났어요. 그래서 늘 놀림감이 되었지요.

"저거 봐. 이상하게 생긴 애야."

"으아, 괴물 같아."

닉 부이치치를 본 사람들은 하나같이 인상을 찌푸렸고, 그럴 때마다 닉 부이치치는 마음에 깊은 상처를 입었어요.

'난 왜 이렇게 태어났을까? 난 정말 괴물이 아닐까?'

결국 닉 부이치치는 깊은 우울증에 걸리고 말았어요. 그래서 세 번이나 자살을 시도하기도 했지요.

닉 부이치치의 바람은 하나였어요.

"하느님이 원망스러워. 왜 나만 이렇게 태어나게 했을까? 아, 하느님이 내게 두 팔만 주신다면 얼마나 행복할까?"

생길 수 없는 두 팔을 꿈꾸며 하느님을 원망하고 슬퍼한 거지요.

닉 부이치치의 가족도 마찬가지였어요. 아들의 모습에 부모님도 절망할 수밖에 없었어요.

당시의 슬픔을 닉 부이치치는 훗날 이렇게 회상했어요.

"태어날 때부터 팔다리가 없었어요. 제가 태어났을 때 간호사들은 모두 울었고 아버지는 신음했고, 어머니는 저를 보고 싶지 않다고 했어요. 어머니가 저를 받아들이기까지는 4개월이 걸렸어요. 저는 열 살 때 삶을 포기하고 싶을 정도였답니다."

하지만 닉 부이치치의 부모님은 슬퍼하고만 있지 않았어요. 닉을 위해 새로운 도전을 시작한 거예요.

"닉은 아름다워. 신이 우리를 도울 거다."

닉의 아버지는 이렇게 말하며 닉을 응원했어요. 그리고 장애인들이 다니는 학교가 아닌, 일반 학교에 닉을 입학시켰지요.

"닉, 너는 무엇이든 다 할 수 있어, 네겐 두 발이 있잖니."

부모님의 말은 닉에게 큰 위로가 되었어요.

"맞아! 난 팔이 없는 게 아니라, 두 발을 가진 거야."

없는 두 팔을 탓하던 닉의 눈에 두 발이 보이기 시작한 거지요. 닉은 그제야 용기를 내기로 했어요. 자신의 삶을 위한 큰 도전을 시작한 거예요.

"발을 팔처럼 사용하면 되잖아. 좋아! 도전해 보는 거야."

그날부터 닉은 발을 쓰는 연습을 시작했어요. 마치 팔을 사용하는 것처럼 발을 사용하는 방법을 연구하고 연습하기로 한 거지요.

물론 쉬운 일은 아니었어요. 하지만 닉은 포기하지 않고 계속 도전했지요.

그러자 놀라운 일이 벌어졌어요.

발로 밥을 먹을 수 있게 된 거예요. 운동도 가능했어요. 닉은 발을 이용해서 축구도 하고 수영도 했어요. 다이빙 실력은 수준급이 되었지요.

그뿐 아니었어요. 닉은 발로 드럼도 연주하고, 글씨도 썼지요. 키보드를

쳐서 컴퓨터도 척척 해냈어요. 두 팔이 없어도 전혀 문제가 되지 않는 삶을 살게 된 거예요.

닉의 이런 모습은 사람들을 놀라게 했어요. 그리고 닉 부이치치라는 이름은 '도전과 극복의 상징'으로 불리게 되었답니다.

꽁짜 할머니의 인성 특강

" 나는 젊었을 때 10번 시도하면 9번 실패했다. 그래서 10번씩 시도했다. — 조지 버나드 쇼 "

꽁짜 할머니의 도전을 어떻게 생각하나요?

무모하고 어리석은 도전이라고 생각하나요? 어쩌면 그럴지도 몰라요. 꽁짜 할머니는 나이도 많고 그다지 재능도 없어 보여요.

하지만 원숭이 이야기와 닉 부이치치 이야기를 들은 다나는 할머니를 적극 응원하기로 했어요. 그래서 꽁짜 할머니를 도와 함께 도전하기로 했지요.

도전의 상징인 닉 부이치치는 어떻게 되었느냐고요?

닉 부이치치는 팔과 다리가 없지만 정상인과 다름없이 생활하고 있어요. 그의 사연은 전 세계로 알려졌는데, 그러면서 그에게 특별한 직업도

생겼어요. '행복을 전하는 연설가'가 되었거든요. 자신의 불행과 슬픔, 그리고 새 삶에 대한 도전과 극복 이야기를 사람들에게 전하고 용기를 주는 일을 하고 있어요.

누구나 닉 부이치치나 꽁짜 할머니처럼 도전을 택하지는 않아요. 바나나 사다리를 오르지 못하는 원숭이들처럼 지레 겁을 먹고, 실패를 두려워하기 때문이에요.

그런데 원숭이 이야기를 통해 여러분은 중요한 사실을 깨닫지 않았나요? 미리부터 포기하게 된다면 여러분이 행복해질 수 있는 미래를 포기하는 결과를 가져온다는 사실을 말이에요.

실패하면 어때요? 실패를 통해 느끼는 좌절감보다 도전조차 해 보지 않았다는 부끄러움이 더 크지 않을까요? 좌절감은 또 다른 도전으로 극복한다면 '새로운 도전의 힘'이 될 수도 있는 거니까요.

여전히 도전하기가 망설여진다면 닉 부이치치의 이야기를 들어 보세요.

"우리는 모두 실패하고 실패는 항상 교훈을 줍니다. 실패할 때마다 무언가를 배울 수 있으니 절대 포기하지 마세요."

내가 만드는 인성 사전

꽁짜 할머니의 꿈과 도전을 본 날, 다나는 '도전'에 대해 생각하게 됐어요. 다나가 생각하는 도전은 어떤 것인지 들어 보고, 내가 생각하는 도전을 써 보세요.

다나가 생각한 **도전**은

꽁짜 할머니처럼 자신이 하고 싶은 일을 용기 내어 시도해 보는 거예요.

다나가 생각한 **도전**은

포기하지 않고 끝까지 최선을 다하는 거예요.

내가 생각한 **도전**은

예요.

피자 사 주고 회장이 되면 어때서?

리더십

다나는 임원 선거 공약을 아직 준비하지 못했어요.
떡볶이를 사겠다는 친구가 있으니
다나는 피자를 살까 생각 중이지요.
그런데 떡볶이나 피자로 임원이 되는 게 과연 옳은 걸까요?

EBS 스쿨랜드
〈진정한 리더〉

 # 임원 선거를 준비하던 날

다음 주에 학급 임원 선거가 있어.
네 번이나 임원 선거에서 떨어졌지만,
이번에는 꼭 회장이 되고 말 거야.

안 그래도 공약이 고민이었는데,
세상에! 떡볶이를 사겠다니.
학급을 위해서 무얼 하겠다든가,
우리 반을 어떻게
이끌겠다든가
하는 게 공약 아냐?

말도 안돼!
저게 무슨 선거 공약이야?
그나저나 난 임원 선거에
나가서 뭐라고 말하지?

떡볶이보다
더 센 것. 일주에
한 번씩 피자를 사 주겠다고
하는 거야.

야. 나
돈 없어. 어떻게
그렇게 하냐?

누가 정말로
피자를 사래?
공약만 그렇게
하라는 거지.

대원 모두를 구한 섀클턴 대장의 리더십

1914년, 영국 신문 〈타임스〉에 특이한 광고가 하나 실렸어요.

> 위험한 여행을 떠날 사람들을 구함.
> 급료는 적음!
> 혹독한 추위, 칠흑 같은 어둠, 끊임없는 위험. 안전 귀환 보장 못 함. 하지만 성공할 경우에는 명예를 얻고 공로를 인정받을 것임.

영국의 탐험가인 어니스트 섀클턴이 올린 광고였어요. 섀클턴은 당시 남극 대륙 횡단을 계획하고 있었는데, 바로 그 계획에 동참할 대원을 모집하고 있었던 거예요.

광고를 본 사람들은 어처구니없다는 듯 말했지요.

"대체 이렇게 어이없는 광고는 누가 올린 거야?"

"그러게나 말이야. 이걸 보고 누가 여행을 함께 가겠다고 하겠어."

그런데 뜻밖에도 신청자가 자그마치 5,000여 명이나 되었어요.

"과장 없이 솔직하게 말해 주니까 더 믿음이 가네."

"이런 광고를 올린 사람이면 분명 믿을 수 있는 대장일 거야."

솔직한 광고 내용이 오히려 사람들에게 믿음을 주었던 거예요.

5,000여 명의 신청자들은 치열한 경쟁을 치러야 했고, 그중 27명이 대원으로 뽑히는 영광을 안았지요.

1914년 8월 1일, 드디어 합격자 27명을 태운 인듀어런스호가 남극 횡단의 꿈을 위해 출항했어요.

"우린 반드시 남극 횡단에 성공해서 역사에 기록될 거야."

모두들 영광스러운 미래를 상상하며 꿈에 부풀었지요.

하지만 그들의 꿈은 초반부터 난항에 부딪혔어요. 출항한 지 5개월여 만인 1915년 1월 18일, 인듀어런스호가 바다 위의 얼음덩어리들 안에 갇히는 사건이 벌어졌거든요.

"배를 빼내야 한다! 이곳을 벗어나야 한다!"

갖은 애를 썼지만, 인듀어런스호는 얼음덩어리에서 빠져나올 수가 없었어요. 결국 10여 개월 후인 11월 21일, 배는 침몰하고 말았어요.

섀클턴은 27명의 소중한 대원들의 생명을 구하기 위해 대원들에게 자신의 결정을 알렸어요.

"우리는 남극 탐험을 포기한다. 각자 가져갈 짐은 1킬로그램으로 줄이고, 그 외에는 모두 버려라."

이제 짐은 대원들이 각자 나누어 져야 했어요. 그래서 적당한 무게 외

의 물건들은 모두 버려야 했지요. 하지만 아끼는 것들을 버리는 건 쉬운 일이 아니었어요. 대원들은 쭈뼛거리고 있을 뿐이었지요.

그때 섀클턴이 솔선수범해서 무거운 돈 뭉치를 집어 던졌어요. 그 모습에 대원들도 욕심을 버렸어요. 카메라, 필름, 책, 돈, 목걸이, 시계, 반지 등 주위는 금세 버려진 물건들 천지가 되었지요.

섀클턴은 얼음의 땅으로 대원들을 이끌었어요. 대원들은 아무도 반항하지 않고 묵묵히 섀클턴을 따랐어요.

"이제 우리 목표는 하나다! 모두 살아서 고향으로 돌아가는 것이다!"

오직 살아남기 위한 힘난한 여정이 시작되었어요. 거센 눈보라 속에서 이루어지는 죽음과도 같은 고된 행군이었어요.

섀클턴은 리더라는 지휘를 이용할 수도 있었어요. 짐을 더 적게 질 수도 있고, 대원들보다 더 편하게 행군을 할 수도 있었지요. 하지만 섀클턴은 그 반대였어요.

"넌 몸이 너무 차구나. 오늘은 내 침낭에서 자거라."

부하 대원을 위해 따뜻한 침낭을 양보했어요.

"그걸로는 배도 안 차겠군. 이 비스킷을 좀 더 먹도록 해."

자신의 비스킷을 나눠 주기도 했지요.

"자, 모두 힘을 내자! 우리는 반드시 살아서 돌아간다!"

리더십

섀클턴은 모두가 희망을 잃지 않도록 용기를 북돋워 주었지요.

그럴수록 섀클턴을 향한 대원들의 믿음은 더욱더 견고해졌어요. 그만큼 추위와 배고픔을 이겨 낼 힘과 용기도 커졌지요.

그래서일까요? 섀클턴과 대원들은 난파 497일 만에 가까스로 바다의 얼음덩어리들로부터 탈출할 수 있었어요.

그리고 1916년 4월 15일 난파 504일 만에 엘리펀트 섬에 도착했지요. 그런데 섬을 떠나 고향으로 가려면 배가 필요했어요. 27명의 대원과 섀클턴을 싣고 갈 수 있는 커다란 배가 말이에요. 하지만 그들에게는 서너 명밖에 탈 수 없는 조그만 배가 있을 뿐이었지요.

"어떡해야 하지?"

섀클턴에게 또 다시 중대 결정의 순간이 온 거예요. 섀클턴은 고민 끝에 결정했어요.

"내가 작은 배를 타고, 사람이 사는 사우스조지아 섬으로 가서 구조선을 이끌고 돌아오겠다!"

섀클턴은 함께 갈 다섯 명의 대원도 결정했지요.

사우스조지아 섬은 무려 2,000킬로미터나 떨어진 곳에 있어요. 작은 배 하나에 의지해서, 시속 100킬로미터의 강한 바람과 20미터 높이의 거대한 파도를 뚫고 간다는 것은 아주 위험한 계획이었어요. 하지만 섀

새클턴은 선택의 여지가 없다고 생각했지요.

'이렇게 하지 않으면 추위와 배고픔에 모두 다 죽고 말 거야.'

떠나기 전 새클턴은 남은 대원들에게 말했어요.

"만약 한 달 안에 우리가 돌아오지 않으면 큰 사고가 난 것이다. 그때는 기다리지 말고 섬을 탈출하라!"

그리고 1916년 4월 24일, 작은 배의 목숨을 건 항해가 시작되었어요. 거센 파도와 폭풍우, 내리쬐는 태양과 배고픔에 맞서 싸워야 하는 죽음의 항해였어요.

그렇게 16일이 지난 1916년 5월 10일, 새클턴과 대원들은 사우스조지아 섬에 도착할 수 있었어요.

하지만 엘리펀트 섬으로 돌아가는 일 또한 만만치 않았어요. 배는 구했지만, 엘리펀트 섬 주변의 심한 파도와 얼음덩어리들 때문에 번번이 돌아와야 했거든요. 자그마치 세 번이나 말이에요.

새클턴을 기다리는 엘리펀트 섬의 대원들은 초조하고 불안할 수밖에 없었어요.

"벌써 4개월이나 되어 가고 있어. 대장님은 왜 안 오시는 거지?"

"분명히 오고 계실 거야. 대장님은 우리를 데려갈 배를 꼭 가지고 돌아오실 거야. 틀림없어!"

리더십 **101**

대원들은 섀클턴을 믿었어요. 그래서 한 달이 지났지만 섬을 떠나지 않고 끝까지 기다렸지요.

그리고 마침내 저 멀리 배가 보이기 시작했어요.

"대장님이다!"

"배가 왔다!"

섀클턴이 이끄는 배였어요. 섬을 떠난 지 4개월 만의 일이었지요. 섀클턴은 대원들을 배에 태워 고향으로 향했어요. 그리고 한 명의 낙오자도 없이 대원 모두를 이끌고 런던으로 돌아왔어요.

634일 만에 한 사람의 낙오자도 없이 무사히 살아 돌아온 섀클턴의 남극 횡단 사건! 이 사건을 사람들은 '위대한 실패'라고 불러요. 비록, 남극 대륙 횡단에는 실패했지만 성공보다 더 위대한 진정한 리더의 힘을 보여 준 사건이기 때문이지요.

"리더는 다른 사람을 앞으로 내세우고 자신은 뒤에서 지휘하는 것이 좋다. 성공을 축하할 때는 특히 그렇다. 그러나 위험할 때는 반드시 앞으로 나서야 한다." -넬슨 만델라

여러분은 리더가 된다면 어떻게 집단을 이끌어 가고 싶나요? 또 여러분에게 새로운 리더가 생긴다면, 그 리더는 어떤 사람이길 바라나요?

섀클턴 대장은 배가 난파되고 침몰하여 모든 대원들이 위험에 처했을 때, 모두 함께 고향으로 돌아가는 것을 목표로 삼았어요. 남극 탐험이라는 업적보다는 대원들의 생명이 더 소중하고 값지다는 판단이었지요. 거대한 이익이나 명예보다는 자신을 믿고 따르는 대원들을 소중하게 생각한 섀클턴. 그 마음이 바로 진정한 리더십 아닐까요?

학교의 임원도 마찬가지예요. 학생회는 학교와 학생을 위해서 봉사하는 집단이에요. 그 집단을 이끄는 리더가 학생 회장이지요. 그런 사람이 만

약 학교와 학생들을 진정으로 사랑하는 마음이 없다면, 그 학교는 절대로 제대로 운영되지 못할 거예요. 학생들의 마음을 알고 사랑하며 그들을 위해 봉사하는 마음, 그것이 바로 진정한 학생 회장의 자격이지요.

학급 임원 선거를 앞둔 다나는 섀클턴의 이야기를 듣고 마음을 고쳐먹었어요. 피자를 산다느니 하는 시선 끌기용 일회성 공약은 진정한 리더가 내세울 공약이 아니란 걸 깨달았지요. 그리고 선거 날 멋진 공약을 선보였답니다.

"저를 회장으로 뽑아 주신다면 하루에 한 번씩 웃겨 주고, 제가 필요하다면 언제 어디든 달려가서 선생님과 친구들을 돕겠습니다."

진정한 리더십은 타인과의 소통을 통하여 공감과 믿음을 쌓고, 매사 솔선수범하며 책임을 다하는 마음이에요.

임원 선거를 준비하던 날, 다나는 '리더십'에 대해 생각하게 됐어요.
다나가 생각하는 리더십은 어떤 것인지 들어 보고,
내가 생각하는 리더십을 써 보세요.

다나가 생각한 **리더십**은
반 친구들을 위해 솔선수범하는 거예요.

다나가 생각한 **리더십**은
친구들의 마음을 공감하고 친구들에게 믿음을 쌓는
거예요.

내가 생각한 **리더십**은

예요.

회장 결정을 따르지 않으면 어때서?

팔로어십

회장 찬우가 발야구 대회 작전 회의를 하자고 했어요.
다나는 노느라 회의는 관심이 없었지요.
그러는 사이 찬우가 다나의 역할을 바꾸었네요.
다나는 찬우가 결정한 대로 따라야 하는 걸까요?

EBS 스쿨랜드
〈너를 따르마!〉

회장의 말을 따르고 싶지 않던 날

축구 경기를 승리로 이끈 선수들의 팔로어십

  2009~2010 유럽축구연맹 챔피언스리그 F조 5차전인 FC 바르셀로나와 인터 밀란의 경기가 열리는 날이었어요.

  FC 바르셀로나를 응원하러 온 관중들은 고개를 갸웃했어요.

  "어라? 출전 선수 명단이 이상하네."

  FC 바르셀로나 팀의 주전 선수는 메시와 이브라! 그런데 두 선수가 모두 선발 출전 명단에서 빠져 있었던 거예요.

  "주전 선수가 둘이나 빠지면 어떻게 경기를 하겠다는 거야. 대체 왜 주전 선수들을 뺀 거야? 감독이 제정신이 아닌가 봐."

  관중석에서는 불만의 소리가 터져 나왔지요.

  그런데 감독의 결정에는 그만한 이유가 있었어요. 메시는 작은 부상을 입은 상태였고, 이브라는 이제 막 부상에서 회복하고 있는 상태였던 거예요.

  물론 두 선수는 경기에 출전하고 싶어 했어요.

  "경기에 뛰어도 될 것 같아요. 출전시켜 주세요."

  "저도 이제 부상에서 거의 회복했어요. 출전해도 괜찮아요."

  하지만 감독의 생각은 단호했지요.

  "당장이야 경기에서 뛰고 싶겠지. 하지만 그건 안 돼. 괜찮은 것 같아도 두 사람은 아직 부상자라고. 어떤 후유증이 생길지 몰라. 지금의 몸 상태로 경기를 하는 건 나중을 위해서 결코 좋은 선택이 아니야."

사실 두 선수는 더 우겨 볼 수도 있었어요. 워낙 중요한 경기인 데다가 관중들의 원성도 높았으니까요. 하지만 두 선수는 더 이상 따따부따하지 않았어요. 그리고 감독의 결정을 받아들였지요.

"알겠습니다, 감독님!"

"감독님의 말씀대로 하겠습니다."

다른 선수들도 마찬가지였어요. 주전 선수들을 뺀다고 하면 투덜거리거나 항의를 할 법도 한데, 아무도 그러지 않았어요.

"감독님이 결정한 이상 따르도록 하겠습니다."

모두가 한뜻으로 감독의 의견을 존중하고 받아들인 거예요.

경기가 시작되자 두 주전 선수의 공백은 금세 드러났어요. 경기를 유리하게 이끌던 선수들이 빠져 버린 탓에 위기의 순간들이 자주 발생했던 거지요. 경기를 뛰는 선수들은 불안했어요.

"이러다가 정말 경기를 망치는 거 아닐까?"

하지만 감독은 믿음직스런 모습으로 선수들을 다독였어요.

"우리 팀은 지금 주전 선수가 둘이나 빠졌다. 그렇다고 걱정할 필요는 전혀 없다. 자신의 자리에서 제 역할만 최선을 다해서 해내면 문제없다.

자신의 능력을 믿고 열심히 해 보자!"

"예! 감독님!"

감독의 말에 선수들은 큰 힘과 용기를 얻었지요. 그리고 감독을 믿고 지시에 따라 열심히 경기에 임했어요.

선수들이 마음을 하나로 모으자 의외의 반전이 생겨났어요. 불안하게 흔들리던 수비가 견고해지고, 공격하는 선수들의 발에 힘이 실렸어요. 불리해 보이던 경기가 갈수록 FC 바르셀로나 팀에게 유리하게 전개되었지요.

그리고 놀랍게도 그날의 경기는 FC 바르셀로나 팀이 승리했답니다. 한마음으로 감독의 리더십을 믿고 따라 준 팔로어십의 결과였지요.

팔로어십의 중요성을 일깨워 주는 또 하나의 이야기가 있어요.

세계 최고의 프로 축구 리그인 스페인 프리메라리가에는 리그가 시작된 1928년 이후, 단 한 번도 하위권으로 내려가지 않은 세 팀이 있어요. 레알 마드리드와 FC 바르셀로나, 그리고 아틀레틱 빌바오가 바로 그 팀들이지요. 세 팀은 지금까지의 우승 성적도 화려하지만, 세계적인 스타 선수들을 배출해 낸 것으로도 유명하답니다.

크리스티아누 호날두, 리오넬 메시, 페르난도 요렌테! 이 선수들은 한 해 받는 연봉만 해도 어마어마하고, 세계 모든 팀들이 데려오고 싶어 하는 최정상의 스타 선수들이에요.

이들을 보면 사람들은 생각하지요.

"저 정도 실력과 인기면 감독도 마음대로 하지 못할 거야."

"맞아. 내가 저 정도 실력이면 감독 말 같은 건 무시할 것 같아. 그래도 얼마든지 골을 넣을 수 있을 테니까 말이야."

정말 그럴까요? 스타 선수들은 감독의 리더십과는 상관없이 제 실력을 발휘하는 걸까요?

선수들은 경기가 끝나면 기자들로부터 인터뷰 요청을 받게 되지요. 그 자리에서 선수들이 받는 질문은 비슷해요.

"오늘 승리의 비결은 무엇입니까?"

그런데 놀랍게도 세 선수가 한 답은 약속이라도 한 듯 똑같았어요.

"오늘의 승리는 선수 모두가 감독님의 지시를 믿고 따른 결과입니다."

"감독님을 믿고, 지시대로 잘 따랐습니다."

"오늘 승리의 비결은 한 가지입니다. 팔로어십!"

아무리 스타 선수들이라도 경기를 할 때는 무조건 다른 선수들과 같이 감독의 지시에 절대적으로 따랐던 거예요.

리더인 감독도 마찬가지예요. 실력 있는 감독일수록 선수들을 존중하고 배려한다고 하지요.

아무리 좋은 자질을 가진 리더라도 선수들이 무시하고 외면한다면 절대로 훌륭한 재능을 발휘할 수가 없기 때문이에요. 진심으로 믿고 따라 주는 팔로어들에 의해서 비로소 최고의 리더가 탄생하는 거니까요.

그래서 사람들은 팔로어십을 설명할 때 이런 표현을 쓰지요.

'팔로어십은, 세상을 바꾸고 리더를 움직이는 보이지 않는 힘이다.'

"이끄는 법을 배우려면 먼저 따르는 법을 배워야 한다. -장자크 루소"

감독처럼 팀을 이끄는 사람을 리더라고 하고, 감독을 따르는 선수를 '팔로어'라고 해요. 그리고 '따르는 법'을 '팔로어십'이라고 하지요.

운동 경기에서는 리더인 감독과 팔로어인 선수 간의 믿음과 노력이 중요해요. 리더는 팀을 우승으로 이끌 최선의 방법을 제시하는 사람이에요. 그런데 만약 팔로어들이 리더를 불신하고 따르지 않는다면 어떻게 될까요? 그 팀은 질 것이 확실하지요.

다나는 두 이야기를 통해 팔로어십의 중요성을 깨달았어요. 그래서 자신의 태도를 반성하며 이렇게 소리쳤답니다.

"얘들아, 우리 모두 회장 찬우의 지휘에 따라 경기에서 이길 수 있도록

힘을 모아 보자!"

'사공이 많으면 배가 산으로 간다.'라는 말이 있어요. 배를 운전하는 사람들이 너무 많아서 서로의 의견이 다르면 본래 계획했던 방향과는 전혀 다른 방향으로 가게 된다는 뜻이에요. 리더인 선장이 결정을 내리고 선원들이 팔로어십을 발휘해서 선장의 지도를 잘 따른다면 절대로 일어날 수 없는 일이지요.

사람들은 누구나 리더가 되고 싶어 해요. 하지만 진정한 팔로어가 없다면 진정한 리더도 있을 수 없어요. 임진왜란의 위기에서 나라를 지켜 낸 이순신 장군을 비롯하여 여러 훌륭한 장군들에게는 그들을 믿고 따르는 부하들이 있었어요. 그들의 믿음과 신뢰가 훌륭한 장군과 위인을 만들어 낸 거지요.

누구든 리더가 될 수 있고, 또 팔로어가 될 수도 있어요. 또 리더와 팔로어는 '무엇이 더 좋은가.'의 문제도 아니랍니다. 중요한 건 어느 자리에 있든지 그 자리에서 최선을 다하는 것이지요.

내가 만드는 인성 사전

회장의 말을 따르고 싶지 않던 날, 다나는 '팔로어십'에 대해 생각하게 됐어요. 다나가 생각하는 팔로어십은 어떤 것인지 들어 보고, 내가 생각하는 팔로어십을 써 보세요.

다나가 생각한 **팔로어십**은

학급 회장 찬우의 결정을 믿고, 2루 수비를 열심히 하는 거예요.

다나가 생각한 **팔로어십**은

리더가 올바른 선택을 할 수 있도록 믿고 따르고 응원하는 거예요.

내가 생각한 **팔로어십**은

예요.